작은 이야기로
삶의 지혜를 얻다

그림책 읽는 시간

작은 이야기로
삶의 지혜를 얻다

김수민·송진설·차은주·최서원 공저

들어가는 글

"균형을 잡으려면 말이야, 많은 연습이 필요해."

유준재 작가의 《균형》이라는 그림책 속 문장입니다. 원뿔 모자를 쓴 아이는 표지를 가득 채우는 커다랗고 동그란 기구 위에서 한 발로 균형을 잡는 훈련을 하고 있어요. 입을 앙 다물고 집중하는 표정이 엄숙해 보입니다. 아이의 가느다란 팔과 다리는 더욱 아슬아슬한 마음이 들게 하지요. 이번에는 지렛대 한쪽 끝 위에 두 팔을 벌리고 서 있어요. 살짝만 움찔해도 한쪽으로 치우쳐 버릴 것만 같습니다. 소년은 균형을 잡고 있다고 말해요. 집중해야 하기에 말도 시키지 말아 달라고 합니다. 소년이 애쓰며 노력을 하는 이유는 무대에서 멋진 모습을 보여주고 싶기 때문입니다. 드디어 무대 위에 서게 되는데 빽빽이 앉아있는 수많은 관중들의 시선에 압도되어 버린 걸까요. 떨려서 연습대로 하지 못하고 있었어요. 무대에서 멋진 모습을 보이기 위해 끊임없이 연습했지만 온몸이 얼어버린 듯 긴장하고 있는 소년에게 소녀가 손을 내밀어 줍니다.

"내가 함께해도 될까?"

소년과 소녀는 함께 공연을 시작합니다. 공연 도중 그만 소녀가 실수를 하게 되지만 소년은 균형을 잡으며 위기를 극복합니다. 공연을 망쳐버릴 뻔했다며 소녀를 탓하기도 했지만 다시 함께 해 봅니다. 이제는 잡은 두 손을 놓치지 않도록 잡습니다. 서로를 바라보며 서로에게 귀 기울이며 끝까지 공연을 멋지게 해냅니다. 소년과 소녀는 환하게 웃으며 공연을 마치게 됩니다.

그림책 속에서 소년과 소녀가 공연한 무대는 삶의 무대와 같다는 생각을 했습니다. 우리의 삶도 균형을 맞추며 살아가기 위해서 많은 노력이 필요하지요. 누구나 조화로운 삶을 원하겠지만 쉽지만은 않아요. 혼자의 힘으로 해낼 수도 없는 일이라 생각합니다. 한쪽에서 서두르거나, 실수라도 하게 되면 균형이 깨질지도 모르고요. 중요한 것은 잡은 두 손을 놓지 않고 서로를 믿으며 천천히 나아가는 것입니다.

유준재 작가는 서로의 마음과 시선에 집중한다면 가슴 뛰는 멋진 순간을 만날 수 있다고 그림책에서 말합니다.

그림책 속 글과 그림에는 삶의 이야기가 담겨 있어요. 사람들은 자신만의 경험과 가치관으로 이야기를 재해석하며 받아들이지요. 각자의 인생이 다르듯 그림책을 받아들이는 시선도 다르답니다. 이 점이 그림책의 매력이 아닐까요.

《작은 이야기로 삶의 지혜를 얻다》는 그림책을 좋아하며 인연이 된 네 명의 작가가 쓴 에세이입니다.

　그림책을 통해 마음을 들여다보고 위로하고 응원하며 마음의 균형을 잡고 살아가는 이야기랍니다.

　제1장에서는 그림책을 처음 만났던 때를 떠올리며 그 순간들을 담았습니다. 마음에 남은 그림책의 흔적이 느껴지며 행복했던 마음을 독자들에게 전하고자 했습니다. 나아가 그림책을 만나며 달라진 삶 속에서 꿈꾸게 된 이야기를 담았습니다. 제2장에서는 완벽한 사람은 없기에 부족함을 그림책으로 채우며 마음을 다독였던 순간들을 담았습니다. 그림책과 마음을 나누며 살아갈 힘을 얻으니 기적같이 인생에도 새로운 길이 열리는 때가 있었습니다. 제3장에서는 그림책을 통해 추억여행을 하며 잊고 있던 감성에 빠져들었던 이야기를 담았어요.

　"기억에 감정을 담으면 추억이 된단다."라는 차은주 작가의 문장처럼 오랜 기억이 그림책의 감성과 더해져서 달콤한 추억으로 남게 되었습니다. 한 편 한 편의 에세이가 그냥 흘러갔을 소중한 기억을 다시 담을 수 있게 되는 시간이 되길 바라봅니다. 제4장에서는 작은 이야기가 가진 큰 삶의 지혜를 그림책을 통해 배웠던 이야기를 담았습니다. 그림책은 세상을 다르게 보는 눈을 주고, 평화로운 마음으로 사는 것이 어떤 것인지 알려주었다는 김수민 작가의 문장처럼 그림책을 통해 지혜를 얻은 이야기를 담았습니다. 제5장에서는 독자에게 권하는 그림책을 담았습니다. 그림책이 가지고 있는 따뜻한 위로와 격려를 자신에게 선물할 수 있기를 바라봅니다. '참 잘했어요.' 도장을 마음속에 '꽝' 찍어준다는 최서원 작가의 문장처럼 독자 자신에게 상을 주는 시간이 되면 좋겠습니다. 제6장에서는 마음 깊이 담고 있는 인생 그림책을 소개하고 있습니다. 네 작가의 삶이 다르듯 인생 그림책도 모두 다릅니다. 네 권의 그림책을 만난 독자가 앞으로 자신만의 인생 그림책도 만나길 바라봅니다.

  이 책을 읽은 독자들이 자신의 마음을 들여다보는 시간을 가지면 좋겠습니다. 지금까지 충분히 잘 해왔다고 스스로를 쓰다듬어 준다면 어느 누군가의 격려보다도 큰 힘이 될 것입니다. 바쁜 일상 속에서 놓치고 있던 마음을 보살피며 자신을 존중하는 마음이 생긴다면 상처받았던 마음이 치유되는 순간을 만나리라 생각합니다.
  그림책을 통해 나와 다른 서로를 이해하는 시간을 가지면 좋겠습니다. 그림책 속 그림을 들여다보듯이 충분한 시간을 가지고 작가의 시각에서, 나의 시각에서, 또 다른 독자의 시각에서 바라본다면 상대방을 이해하며 존중하는 마음이 생길 것입니다.
  그림책을 통해 마음이 성장한 네 명의 작가 이야기를 읽은 독자들이 마음의 균형을 잡고 편안한 마음이 들길 바라봅니다. 여러분도 그림책의 손을 잡으세요. 세상이란 무대에서 멋진 순간을 만나게 될 것입니다.
  그림책 덕분에 독자 여러분을 만나게 되어 감사한 마음이 듭니다. 그림책과 함께 하는 일상 속에서 행복하세요.

송진설

contents

들어가는 글 4

제1장 그림책이 내 마음에 들어왔다

01	내 마음에 묻어있는 기억들	김수민	*12*
02	설레다	송진설	*19*
03	그림책을 만나다	차은주	*26*
04	나의 꿈은 현재 진행형	최서원	*33*

제2장 위로가 되는 순간

05	안녕	김수민	*42*
06	사랑	송진설	*50*
07	마음의 벽	차은주	*56*
08	왜 나만 힘든 걸까?	최서원	*62*
09	따뜻한 손길	김수민	*68*
10	나무	송진설	*76*
11	행복	차은주	*84*
12	오롯이 나만의 공간	최서원	*90*

제3장 잊고 살았던 감성을 찾다

13	나만의 도토리 시간	김수민	*98*
14	자연 속에서	송진설	*106*
15	꼬꼬와 채송화	차은주	*112*
16	하고 싶은 거 하면서 살 거야	최서원	*118*
17	유월 보름에 핀 나무	김수민	*124*
18	윤슬	송진설	*131*
19	비 오는 날	차은주	*138*
20	생각을 바꾸면 모든 것이 바뀐다	최서원	*145*

제4장 작은 이야기, 삶의 지혜를 배우다

21	너희들에게 배운다	김수민	152
22	인정받지 않아도	송진설	160
23	긍정의 힘	차은주	167
24	끝이 보이는 시작	최서원	174
25	나의 소이	김수민	180
26	완벽	송진설	188
27	건강한 삶	차은주	194
28	단점 극복하기	최서원	201

제5장 당신에게 그림책을 권합니다

29	누구나	김수민	210
30	아이의 마음	송진설	217
31	오늘의 그림책	차은주	223
32	생명은 모두 존중받아야 한다	최서원	230
33	그림책을 읽는 나만의 비결	김수민	236
34	사랑이 커지는 10권의 그림책	송진설	242
35	백마디 잔소리보다 한 권의 그림책	차은주	249
36	한밤의 119	최서원	255

제6장 내 인생의 그림책

37	삶의 모든 색	김수민	264
38	운명	송진설	271
39	삶의 모든 순간은 소중하다	차은주	278
40	어느 멋진 날	최서원	285

마치는 글	291
참고문헌	294

제1장

그림책이 내 마음에 들어왔다

01
내 마음에 묻어있는 기억들

김수민

"엄마, 이번에는 이거!"

허리가 불편해서 눕지도, 앉지도 못하는 엄마였다. 한쪽엔 6살배기인 나를, 반대쪽엔 4살짜리 동생을 양쪽에 끼웠다. 엄마는 비스듬히 벽에 기댄 채 밤마다 그림책을 읽어줬다. 나는 내용이나 주인공에는 관심이 없었다. 그림만 한번 대충 보고 고개를 들어 두런두런 소리가 나는 엄마 입을 빤히 쳐다봤다. 그러다가 엄마가 다음 장으로 넘기려 하면, 나는 "내가! 내가!"를 외쳤다. 엄마 손 위에 내 손을 덧대어 정성스레 같이 넘겼다. 포개진 손에 엄마의 미소가 옮겨갔다. 옆에는 동생이 엄지손가락을 맛있게 빨았다. 어쩌다 동생 쪽으로 그림책이 살짝 기울어지면, 나는 그새를 못 참고 책 모서리를 잡아 내 쪽으로 슬며시 당겼다. 그러면 엄마는 내가 잘 보이도록 자신의 가슴팍 중앙에 그림책을 세워줬다. 잠들기 전마다 항상 그림책을 10권씩 읽던 엄마의 모습이 선명하다. 나는 글자를 읽을 줄 알아도 밤만 되면 낑낑거리며 그림책을 잔뜩 골라서 들고 갔다. "이거 다 읽어줘?"라는 목소리가 어렴풋이 귀에 맴도는 것을 보니, 엄마도 늘 유쾌하지는 않았던 것 같다. 그래도 엄마는 허리 뒤에 받친 베개를 이리저리 돌리며 자세만 바꿨다. 그리고 끝까지 내가 가져온 그림책을 다 읽어줬다. 사실 그림책은 나에게 엄마의 사랑을 눈으로 확인할 수 있는 수단이었다.

그림책 종류는 다양했다. 엄마는 책을 사는데 돈을 아끼지 않았다. 어떤 날은 동네 아주머니가 판매하는 창작동화 전집을 사서 책꽂이에 가득 꽂았다. 다양한 동·식물이 나오는 자연 도감 시리즈도 있었다.

동생은 그림책에 나오는 사슴벌레나 장수풍뎅이를 무척 좋아했다. 70권이 넘는 어린이 삼국유사 그림책도 기억난다. 신라의 왕이 알에서 태어나는 장면을 보면 동생과 나는 눈이 휘둥그레졌다. 엄마는 안방 책꽂이가 부족해서 작은방에도 책장을 짰다. 방에 책이 꽉 차면 거실까지 책을 쌓았다. 그러자 아빠는 엄마의 책 욕심에 은근히 입을 댔다. 책이 많고 다 읽지도 못했는데 또 사는 것을 아까워했다. 엄마에게 돈이 많이 들어간다는 핑계를 대며 슬쩍 딴지를 걸었다. 하지만 엄마는 아빠와 싸우지 않았다. 그저 필요해서 샀다고 짧게 대답할 뿐이었다. 결국에는 아빠도 아무 말 하지 않았다. 아빠는 엄마를 믿었고, 엄마는 계속 그림책을 샀다.

엄마는 자신이 아프지 않았더라면 훨씬 더 많은 그림책을 읽어 줬을 거라고 말했다. 엄마는 지금의 내 나이에 허리디스크 수술을 했다. 뽀글뽀글 파마머리를 하고, 할머니와 동생과 함께 엄마의 병문안을 하러 갔던 기억이 난다. 나는 아무것도 몰랐다. 엄마가 왜 우리랑 집에 같이 가지 않는지 궁금할 뿐이었다. 퇴원해서도 엄마는 자주 왼쪽 엉덩이가 욱신거린다고 했다. 그래서 저녁마다 나에게 안마를 부탁했다. 나는 고사리 같은 손으로 딱 열 번만 두들겨 주고, 다시 엄마 앞에 그림책을 갖다 놨다. 엄마의 수술 자국과 허리 안에 박힌 철심을 신경 쓰기에는 너무 어렸다. 그래도 엄마는 그림책을 좋아하는 딸을 외면하지 않았다. 느린 호흡으로 힘을 빼고, 앞에 놓인 그림책을 집어 들었다. 나는 9살이 훌쩍 넘어서야 긴 줄

글에 재미를 붙였다. 그때서야 그림책을 읽어주는 엄마를 놓아주었다. 이제 엄마가 읽어주는 속도보다 내가 읽는 속도가 훨씬 빨랐기 때문이다. 엄마는 밤마다 해야 하는 숙제에서 벗어났다. 자신의 목소리를 벗어나, 혼자 마음속으로 책을 읽는 딸을 보며 엄마는 어떤 마음이 들었을까.

"선생님, 오늘은 이거 읽어줄 거예요?"
출근하면서 한 손에 그림책을 들고 가면 아이들이 우르르 몰려든다. 그리고 그림책에 손부터 뻗는다. 손끝으로 표지를 살짝 느껴본 아이들은 벌써 애가 닳고 입이 근질근질하다. 우리 반 '알림이'는 선생님이 오늘 그림책을 읽어줄 것이라며 고래고래 친구들한테 소리친다. 나는 씩 웃으면서 일부러 천천히 아이들 손에서 그림책을 가져와 감춘다. 그리고 이따가 읽어주겠다는 말을 덧붙인다. 아이들은 허탈하게 돌아가면서도 "어디서 샀어요?", "표지에 뭐 그려져 있어요?", "동물 나와요?" 등 많은 질문을 한다. 3~4교시가 되면 그림책이 잊힐 때쯤이다. 그때 꺼내서 읽어주면 덧셈, 뺄셈으로 힘들었던 눈이 갑자기 초롱초롱해진다. 독후 활동을 열심히 할 때도 있지만 대부분은 내버려 두었다. 어쩌다 내가 읽어준 그림책이 생각날 때, 아이들이 혼자서 곱씹어 보는 시간을 가지길 바랐다. 나는 안다. 그림책 내용이야 당연히 흥미진진하겠지. 아이들은 누군가가 사랑을 듬뿍 담아 다정하게 읽어주는 행위 그 자체를 좋아한다.

그림책이 내 마음에 들어오기 시작한 순간은 이렇게 엄마의 행동을 대물림할 때부터였다. 보기만 할 때와는 느낌이 또 달랐다. 읽어줄 때마다 문장과 그림체가 내 마음에 콕콕 수박씨처럼 박혔다.

《쓰레기통 요정》을 읽어주고 난 뒤였다. 3학년 아이들은 교실의 쓰레기통을 다 뒤지며 "우리 반에는 왜 저런 요정이 없을까요?"라며 아쉬워했다. 교실 뒤편 파란 쓰레기통 앞에 서 있는 아이들의 모습이 그림책 속 쓰레기통 요정의 모습 같았다.

《맴》을 읽을 때였다. 여름의 불볕더위를 사람의 시뻘건 얼굴로 표현한 장면이 있었다. 아이들이 '헉!'하며 놀랐고, 내가 봐도 뜨거워 보였다. 갑자기 2학년 장난꾸러기가 "저 사람들은 선크림을 안 발라서 다 탔나 봐!"라고 말했다. 우리 모두 그 말에 키득거리며 한참을 웃었다. 그리고 저마다 선크림을 왜 발라야 하는지, 자외선이 얼마나 나쁜지 알고 있는 지식을 마구 뽐냈다. 아마 부모님들이 귀가 닳도록 얘기했을 것이다.

《한 그릇》을 읽을 때였다. 우리 반에서 제일 공감을 잘하는 아이가 "버섯은 콩콩이 타고 와서 발 아프겠다. 저 콩콩이 타봤는데 완전 힘들어요!"라며 진지하게 말했다.

그림책을 다 읽고 나서도 그 부분이 마음에 걸렸는지 나를 찾아왔다. 그리고 "선생님, 다음에는 버섯이 콩콩이 말고 킥보드 타고 왔으면 좋겠어요." 하며 소곤소곤 특급 비밀처럼 말하고 갔다.

이런 말과 행동 하나하나가 내 마음속에 차곡차곡 저장됐다. 아이들에게 그림책을 읽어줄 때면 엄마와 함께했던 그때의 모습이 파노라마처럼 펼쳐졌다. 내 마음 곳곳에 묻어있는 기억들이 깨어나는 이 순간이 바로 교감이었다. 타인과 연결된 것 같은 묘한 느낌을 짧은 그림책 한 권으로 쉽게 이룰 수 있었다.

 어린 시절, 몇 년 동안 체화된 기억은 쉽게 잊히지 않고 무의식 저편에 넘어가 있었다. 이런 기억들이 나의 행동 방식을 만들었다. 그림책에 눈길이 가게 하고, 그림책을 직접 만들고 읽어주는 행동 자체가 행복하도록 말이다. 나는 내 삶의 기분과 태도를 만들어 주는 그림책이 좋다.

여태껏 그림책을 좋아하는 나를 키우느라 고생했던 엄마와 아빠에게 늘 감사하다. 맞벌이가 아니었던 우리 집에서 아빠 혼자 책값을 벌어야 했던 상황을 떠올리면 마음이 무거워진다. '내 삶의 태도나 방향은 엄마의 허리 통증과 바꿨다.'라는 생각이 들 때도 씁쓸해진다. 다행인 것은 엄마도 그때가 행복했다고 자주 말한다. 편하게 누워 쉬고 싶었지만, 그래도 어린 딸과 아들을 양쪽에 끼고 함께했던 소중한 순간이었다고. 그때부터 그림책은 내 마음에 조금씩 흔적을 남겼다. 나는 그 흔적을 좋아한다. 그래서 지금도 그림책을 읽으며 그 시절을 맴도는 어린 시절의 나로 돌아간다.

02

설레다

송진설

어린 시절부터 마음을 표현하지 않으려고 애썼다. 내 감정을 드러내면 다른 사람들의 마음이 불편하리라 생각했다. 어떤 상황에서도 배려를 잘하는 마음 넓은 사람이 되고 싶었다. 한번은 친구에게 서운한 마음이 들어 한참을 망설이다가 얘기한 적이 있었다. 하지만 친구의 마음을 상하게 했다는 생각으로 종일 내 마음은 불편했다. '좀 더 이해해 줄걸!' 하는 후회가 밀려왔다. 스스로 속 좁은 아이라며 자책했다.

가까운 사람일수록 더욱 이해해 주고 배려해 주고 싶었다. 불편하거나 서운한 마음은 드러내지 않으려 애썼다. 좋지 않은 감정은 속으로 삭이며 싫은 내색을 하지 않았다. 늘 '내가 좀 참지 뭐!'라고 생각했다. 특히 가족과 친구에게는 더욱 좋은 사람이고 싶었다. 시간이 흐를수록 나는 기분 상하는 말을 들어도 웃어주는 사람이 되었고, 어려운 부탁도 기꺼이 들어주는 사람이 되어 있었다. 뭐든지 좋다고 말해야 마음이 편안했다. 하지만 힘들고 불편한 상황을 자주 맞닥뜨리게 되었다. 그럴 때마다 내 감정은 뒷전이었다. 점점 더 나의 마음을 소홀하게 대했다.

초등학교에 다닐 때였다. 전학을 간 지 얼마 되지 않아서 점심시간은 즐겁지 않았다. 늘 어색하고 쑥스러워 밥을 먹는 둥 마는 둥 했다. 그날도 밥을 많이 남긴 채 도시락 뚜껑을 덮었다. 밥 먹는 친구들 사이에서 주뼛주뼛 있으니 선생님이 도서관에 다녀오라고 했다. 대출증을 만들고 책 한 권을 대출해 오면 되었다. 예전 학교에는 도서관이 없었다. 동네에 작은 도서관도 없었다. 도서 대출은 처음 해 보는 거였다. 입구에 서서 안을 살짝 살펴보다가 조심스럽게 들어갔다. 낯선 공간이지만 왠지 좋았다. 조용한 분위기 속에 책을 보는 아이들 모습이 눈에 띄었다. 어떤 책으로 대출할까 머뭇거릴 때, 그림책을 읽고 있는 아이가 눈에 띄었다. 나도 따라 한 권 펼쳤다. 한 장씩 넘기며 천천히 보았다. 그림책 제목은 생각나지 않지만, 재미있어 한참 동안 봤던 기억이 어렴풋이 남아 있다. 글만 있는 책보다 실감 나게 느껴졌다. 주인공의 감정에 자연스레 빠져들었다. 그림책을 덮으며 내 마음은 뛰었다.

    그림책을 다시 만난 건 디자이너로 일하게 되면서다. 문구 디자인 기획을 위해 그림책을 다시 펼쳤다. 처음에는 캐릭터 연구를 참고하기 위해서였다. 하지만 주인공의 감정과 하나 되어 금세 그림책에 빠져들었다. 앤서니 브라운의 《터널》에서 오빠를 기다리던 동생이 터널로 들어가는 장면에서 조마조마했다. 존 버닝햄의 《깃털 없는 기러기 보르카》에서 혼자 남은 보르카를 걱정하며 응원했다.

    그날도 일 때문에 서점에 들렀다가 숀탠의 《빨간 나무》를 만났다. 외롭고 힘든 시간 속에서도 희망을 얘기하는 글과 그림에 마음이 요동쳤다. 울컥하더니 이내 눈물이 쏟아졌다. 버거운 하루를 보내며 절망 속에 있던 나를 안아주고 토닥여 주는 듯했다. 그림책을 향한 마음이 다시 뛰었다. 그 후로 소중한 단짝 친구가 되었다. 지금은 두근거리는 마음으로 날마다 그림책과 일상을 함께한다.

    어린 시절 슈퍼맨처럼 강력한 파워가 있다면 얼마나 좋을까 생각했다. 하지만 나는 슈퍼맨이 아니었다. 초등학교 3학년 때 짝꿍이 다리를 다쳐 목발을 하고 학교에 온 적이 있다. 하교 시간에 그 친구의 가방을 들어주고 싶었지만 괜찮다고 할 것 같아 물어보지도 못했다. 돕고 싶은 마음은 컸지만, 거절이 두려워 말조차 꺼내지 못했다. "도와줄까?"라는 말은 입에서만 맴돌았다.

    《오늘은 나도 슈퍼 영웅!》의 주인공 밀리는 나와 달랐다. 학교에서 정한 슈퍼 영웅의 날, 밀리는 망토를 두르고 노란 바지를 입고 배지도 달았다. 좋아하는 슈퍼 영웅의 모습으로 꾸미고 학교에 간다. 하지만 멋진 능력이 없다는 생각이 들어, 이내 의기소침해졌다. 그래도 밀리는 자신이 할 수 있는 방법으로 친구를 도왔다. 도움을 받은 친구는 손뼉을 치며, 밀리에게 용감한 슈퍼 영웅이라고 말한다. 밀리는 돕고자 하는 마음을 표현하고 방법을 찾았기에 기쁨도 느낄 수 있었다. 나도 힘든 일을 겪는 사람을 도와주고 어려운 일을 해결해 주고 싶었다. 밀리를 통해 도와주고 싶은 내 마음을 알아차리고 겉으로 드러내는 것이 중요하다는 것을 알았다. 진정한 슈퍼맨 밀리는 결코 자기만 알도록 마음 안에서만 도와주지 않았다.

아들이 서너 살 때쯤 앤서니 브라운의 《기분을 말해 봐!》를 읽어 주었다. 표지 속 아이는 환한 표정을 짓고 있다. 행복해 보인다. 아이는 "기분이 어때?"라는 질문을 받고 대답한다. 이 그림책에서 인상적인 두 장면이 있다. 머리끝까지 화가 났다며 한껏 올라간 눈초리로 붉으락푸르락해진 표정을 짓는 장면이다. 다른 하나는 가끔 세상에 혼자인 것 같다며 작아진 모습으로 쓸쓸한 표정을 짓는 장면이다. 하지만 현실 속의 나는 분노나 외로움을 느낄 때, 온전히 나의 감정을 알아차리고 드러내기가 쉽지 않았다. 좋은 감정만 표출해야 한다는 생각으로 가득했다. 부정적 감정을 드러내면 죄책감이 들었다. 불편한 마음을 인정하지 않으려 했다. 그럴 때면 무기력해졌다. 긍정적인 감정만이 옳은 감정은 아니다. 내 안의 어떤 감정이든 다 나의 것이었다. 느끼는 대로 받아들여야 한다. 감정을 알아차릴 때 온전히 존재할 수 있다.

《겁쟁이 빌리》는 불안이라는 감정에 관해 이야기한다. 빌리는 온갖 걱정을 하며 두려움에 떤다. 할머니는 걱정 인형을 선물하며 베개 밑에 넣어두고 자면 걱정이 감쪽같이 사라질 거라고 말한다. 하지만 빌리는 자신의 걱정을 가져가는 걱정 인형을 걱정하게 된다. 그래도 예전만큼 두려워하지 않는다. 불안한 감정을 자연스럽게 받아들이게 되었다. 그림책에서는 부정적인 감정을 나쁘게만 보지 않았다. 인정하고 받아들이면 두렵지 않다는 걸 알려주었다.

나에게 걱정 인형을 대신하는 것은 그림책이다. 걱정 인형이 근심을 가져가듯 그림책이 불안감과 초조함을 가져간다. 그림책을 읽다 보면 내 이야기 같을 때가 많다. 어떤 심정인지 느껴진다. 마음이 들여다보이는 그림책은 단순한 글과 그림이 아니다.

  예전의 나는 내 기분을 인정하려 하지 않았다. 감정을 외면하니 제대로 표현할 수 없었다. 다른 사람의 마음이 불편하지 않는 게 우선이었다. 그림책을 읽으며 알게 된 것은, 자신의 감정에 솔직하지 못한 태도로 인해 가장 힘들고 괴로운 존재는 바로 '나'란 사실이었다. 조금씩 균열이 생기는 마음이 어느 순간 감당이 되지 않고, 결국 무너진다는 걸 살아가며 배웠다. 나에게 더 이상 미안해하지 않기 위해 나 자신을 아끼고 사랑해 주는 태도를 가져야 하는 거였다.

  그림책 속 세상은 마음과 마주하기 좋은 세상이다. 표현하기 힘든 여러 감정을 그림으로 볼 수 있다. 자신의 마음을 들여다보고 인정하는 첫걸음에 그림책과 함께한다면 더할 나위 없이 든든할 것이다.

  시인 사무엘 존슨은 슬픔이 생생하게 남아 있는데 회피하면 문제가 더 악화될 뿐이라며, 슬픔이 완전히 소화될 때까지 기다려야 한다고 말했다. 그렇게 하면 남아 있는 슬픔이 즐거움으로 바뀐다고 말이다. 감정을 묻어두고 감추려고 하지 말아야 한다. 어떤 감정도 비난해서는 안 된다. 있는 그대로, 느끼는 그대로를 인정하며 솔직해져야 한다.

  지금은 매일 그림책을 보며 살고 있다. 나의 입장에서 가만히 그림책을 바라본다. 등장인물이 겪는 여러 일과 그 속에서 느끼는 감정에 집중한다. '만약 나였다면 어땠을까?' 생각해 본다. 주인공의 표정, 감정, 행동을 이해하게 된다. 반대로 나에게 일어나는 일들도 마찬가지다. 지금 겪고 있는 힘든 일은 그림책 속에서 벌어지는 일이라 생각한다. '만약 그림책 속 주인공이라면 어떻게 했을까?'라는 시선으로 문제를 바라본다. 예전과 다르게 침착해진다. 이제 더 이상 감정적으로만 받아들이지 않는다. 덜 상처받고 덜 아파하고 있다.

그림책을 만나며 마음을 들여다보고 올바르게 감정을 표현하기 시작했다. 우리는 스스로를 위로하고 응원해야 한다. 마음에 귀 기울이며 작은 일상에서 행복한 순간을 맞아야 한다. 그림책이 주는 손길로 편안하게 자신의 마음과 만나길 바라본다.

03
그림책을 만나다

차은주

어릴 적 나는 눈을 마주하고 대화하는 게 힘들었다. 눈물이 나올 것 같아 시선을 피했고, 친구들이 하자는 대로 따라가는 게 편했다. 조용해서 눈에 띄지 않는 아이였다. 초등학교 때 우연히 암송대회에 나갔었다. 긴장해서 외운 것을 한 장도 발표하지 못하고 무대에서 내려왔다. 수십 개의 눈이 나를 바라보니 심장이 쿵쾅거리고 머릿속이 백지장이 되었다. 못하겠다고 말할 용기가 없었다. 나는 혼자서 잘 놀았다. 엄마의 화장대 앞에서 배우 흉내도 내고 기자처럼 말해 보며 연기하는 게 좋았다. 엄마의 치마를 입고 빙빙 돌면 발레리나 같아서 행복했다. 엄마의 화장대는 온전히 나의 무대였다.

큰아이가 초등학교에 입학했다. 친구 집에 초대받아 엄마들과 차를 마시며 이야기를 나누었다. 처음부터 끝까지 책에 관한 얘기였다. 나는 책에 별 관심이 없었던 터라 대화가 생소했다. 얘기를 들어보니 책을 많이 읽어줘야 한다고 했다. 중·고등학교 성적에도 영향을 주고, 아이의 인성교육에도 도움이 된다고 했다. 왠지 안 읽어주면 우리 아이만 뒤처질 것 같았다. 발등에 불이 떨어졌다. 집마다 책장을 메우고 있는 책들이 부러웠다. 나도 책을 추천받아 구매했다. 우리 집 거실 책꽂이에도 책이 채워지기 시작하자 밥을 안 먹어도 배가 부른 것 같았다. 밤마다 한쪽이 기울어진 피사의 사탑처럼 책 기둥이 세워졌다. 아침에 눈을 뜨면 머리맡의 책을 정리하는 게 첫 일과였다. 읽은 책은 거꾸로 꽂아두었다. 거꾸로 꽂은 책들이 많아지기 시작했다. 나도 아이들에게 책을 읽어주는 엄마라는 사실만으로도 무척 뿌듯했다. 멈추지 말고 아이들이 다 자랄 때까지 그림책을 읽어주겠다고 다짐했다. 책 읽는 내 목소리가 좋았다. 혼자 아나운서 놀이를 하던 동심으로 돌아가는 기분이었다. 아이가 책에 흥미를 갖도록 재밌게 이야기를 들려주고 싶었다. 다양한 목소리를 흉내 내는 것이 처음에는 부끄러웠지만, 시간이 지날수록 자신감이 생겼다. 큰아이는 가끔 내 목소리가 이상하다고 했지만, 작은아이는 초롱초롱한 눈망울로 넋을 놓고 그림책을 바라봤다. 나는 마치 전기수가 된 듯 황홀했다.

아이들에게 책을 읽어줄수록 나는 그림책의 묘한 매력에 빠져들었다. 조수경 작가의 《내 꼬리》라는 그림책을 만났다. 표지 속 아이의 표정은 무척 곤란해 보였다. 자고 일어난 어느 날 아이에게 꼬리가 생겼다. 당황한 아이는 친구들이 놀릴 것이 걱정되어 아빠 옷을 입어 감춰보지만, 삐죽 보였다. 친구에게 들키지 않으려고 골목길로 가지만 걱정이 커질수록 꼬리도 더 커졌다. 교실 앞에서 마주친 친구에게 슬쩍 꼬리 얘기를 하자 친구도 말했다.

"내 콧수염 봤어?"

아이는 친구의 말에 안심이 되었고, 교실로 들어설 용기가 생겼다. 교실 안 친구들은 하나같이 독특한 모습을 하고 있었다. 오리발을 가진 친구, 코끼리 코인 친구, 토끼 귀를 가진 친구 등 모두 숨기고 싶은 나름의 걱정거리를 하나씩은 가지고 있었다.

소심한 성격이 고민이었던 나는 문득 이 정도의 고민은 별것 아닐 수도 있겠다는 생각이 들었다. 안너마리 반 해링언 작가의 《긴 머리 공주》에서 공주는 나에게 세상을 향해 자유롭게 나아가라고 말했다. 가난한 나라의 공주로 태어나 부모의 배를 채워주는 그림자의 삶을 버리고 완전히 다른 인생을 사는 모습이 내게 자극이 되었다. 나는 엄마로, 아내로, 며느리로 살아가는 것도 좋겠지만 공주처럼 과감하게 내 일을 찾아 열정적으로 살고 싶었다. 그림책은 꿈을 향한 나의 마음에 작은 불씨를 붙여주었다.

아이들에게 읽어주었던 다양한 분야의 책 중 전래동화가 좋았다. 아이들이 책 속 주인공처럼 현명하고 지혜로운 사람이 되길 바라며 복을 쌓는 장면은 더 큰 목소리로 읽어 아이들의 기억 속에 오래 남아주길 바랐다. 어린 시절 이불속에서 눈만 내놓고 봤던 전설의 고향의 주인공들을 그림책에서 만나니 더없이 반가웠다. 이제는 사라진 야생 호랑이는 단골 심술쟁이 역할로 자주 등장을 했고 사람들의 오래된 물건 속에 깃들어 사는 도깨비는 아이들이 참 좋아했다. 전래동화는 무엇보다 착한 사람은 복을 받고, 마음씨 고약한 사람은 벌을 받는 권선징악이 통쾌했다. 마음이 시원해지고 세상이 공평한 것 같았다. 양재홍 작가의 《재주 많은 여섯 쌍둥이》에서 쌍둥이들은 모두 각기 다른 재주와 재밌는 이름을 가졌다. 천 리를 본다고 하여 '천리만리', 무거운 짐을 잘 져서 '진둥만둥', 뜨거운 물도 뜨겁지 않은 '뜨거워도찰세' 등 이었다. 여섯 쌍둥이들은 욕심쟁이 사또의 곳간에 가득 쌓인 쌀을 마을 사람들에게 나누어 주었다. 사또는 쌍둥이라는 사실을 모르고 혼내주려다 오히려 자신이 그 벌을 다 받게 된다는 이야기였다. 이수아 작가의 《요술 항아리》에서는 욕심쟁이 부자가 나온다. 결국, 부자는 욕심을 과하게 부리다 거지가 되어 수백 명의 아버지를 모시게 되는데, 요술 항아리 속에서 수백 명의 아버지가 나오는 장면은 너무 재밌어서 배꼽을 잡고 웃었다. 전래동화는 지혜롭고, 따뜻하고, 인성을 배우기 가장 좋은 그림책이다.

그렇게 책을 읽어주던 어느 날부터 목이 아프기 시작했다. 한두 권만 읽어도 목에서 통증이 느껴졌다. 평소 친하게 지내던 큰아이 친구 엄마에게 물어보았다.

"나도 아프지, 목이 찢어질 것 같은데 참는 거야. 책을 읽어주려면 어쩔 수 없지."

공통된 고민이었다. 물을 마셔가며 아파도 참고 책을 펼쳤다. 며칠이 지나자 다행히 통증이 감소하기 시작했다. 내 성대에 이제 딱지가 생겼나 보다.

목의 통증도 다행히 극복하고 그림책을 만난 지 일 년쯤 되었을 때 배움의 열정이 생겼다. 그림책의 의미를 잘 전달하기 위해 동화 구연을 제대로 배워보고 싶었다. 전문적으로 배울 수 있는 곳을 찾아보았다. 다행히 여성문화회관에서 동화 구연 3급 과정을 들을 수 있었다. 첫 수업 시간, 선생님의 맑고 또랑또랑한 목소리에 반했다. 나도 선생님처럼 멋진 동화 구연가가 되고 싶었다. 매주 수요일만 기다렸다. 남편과 아이들 앞에서 구연하고 사인을 받아오라는 숙제도 열심히 했다. 드디어 3급 시험을 무사히 통과하고 동화구연가 자격증을 취득했다. 속으로 외쳤다. 나도 이제는 동화구연가다.

 막상 자격증을 받고 나니 그림책으로 내가 할 수 있는 무언가를 하고 싶었다. 마침 수업해 주신 선생님의 권유로 동화 구연 봉사단체를 알게 되었다. 가입하기 위해서는 대회에서 입상해야 했다. 2012년 색동 어머니회 동화 구연대회 성인부 13번의 번호표를 목에 걸고 무대에 섰다. 교회 암송대회에서 실패한 아픈 기억이 있었지만, 원하는 것을 위해 다시 도전했다. 원고를 마르고 닳도록 외웠다. 수없이 녹음하고 들으며 연습했다. 다행히 무대에서 실수 없이 잘했고, 은상이라는 값진 상도 받았다. 두려움을 이겨낸 것 같아 뿌듯했다. 남편의 축하 꽃바구니는 나의 열정을 더 끌어내 주었다. 내가 할 수 있는 일을 찾았다. 남은 삶은 그림책과 함께 동화구연가로 살고 싶었다. 열심히 하자고 마음을 다잡았다.

 랠프 월도 에머슨은 나에 대한 자신감을 잃으면, 온 세상이 나의 적이 된다고 했다. 나는 내가 할 수 있는 건 없다고 생각하며 소극적인 태도로 다른 사람들의 삶을 기웃거리며 살았다. 내 마음을 들여다보지 못했고, 하고 싶은 것이 무엇인지 오랫동안 잊고 있었다.

그림책을 만난 후 달라졌다. 삶은 용기 있는 자에게 무한한 가능성과 기회를 준다는 것을 알게 되었다. 그림책 한 권만 있다면 그 어떤 시선에도 흔들리지 않는다. 세상은 온전히 나의 무대가 되었다.

04
나의 꿈은 현재 진행형

최서원

어느 날 갑자기 엄마가 되었다. 아무런 준비도, 지식도 없는 상황에 정신을 차릴 수 없었다. 발등에 불이 떨어져 급한 데로 육아 서적을 여러 권 주문했다. 최선을 다해 키우고 싶었다. 그리고 자신 있었다. 하지만 현실은 호락호락하지 않았다. 시간도 부족했고, 체력도 따라주지 않았다. 5년 전 주문한 육아 서적들은 지금도 새 책 그대로 책꽂이에 얌전히 꽂혀 있다.

육아 박사가 되는 것을 포기하고, 아이의 정서발달에 초점을 맞추기로 했다. 그림책에 관심이 생긴 건 이 시기부터였다. 그림이 예쁜 책, 제목이 좋은 책, 그냥 끌리는 책, 작가가 유명한 책….

수많은 책 사이에서 나에게 맞는 책을 찾기란 힘든 일이었다. 먼저 제목과 디자인을 봤다. 그러던 중 요시타케 신스케의 《벗지 말걸 그랬어》와 《주무르고 늘리고》를 알게 되었다. 《벗지 말걸 그랬어》는 볼로냐 라가치상 수상작이었다. 고르기 힘들 땐, 상 받은 책을 선택하는 것도 좋은 방법 중 한 가지이다.

《벗지 말걸 그랬어》에서는 아이가 목욕하기 위해 혼자 옷을 벗는다. 그러다 옷이 머리에 걸린 채 여러 가지 상상하는 이야기다. 《주무르고 늘리고》에서는 아이가 아침에 일어나 반죽을 주무르고 늘리고 조물조물 가지고 노는 내용이다. 어린아이의 눈높이에 잘 맞는 수준의 책이라 생각한다. 이 책을 읽어줄 때마다 딸아이는 단순한 말들을 따라 하며 즐거워했다. 어른인 내가 봐도 기발한 아이디어에 놀란 부분이 많았다. 아이가 다섯 살이 된 지금도 이 책을 가끔 읽어준다. 읽는 동안 아이는 재미있어하고 책의 내용을 따라 하며 말한다.

"히히히 옷이 걸려서 벗을 수 없게 된 지 얼마나 지났을까?"

이 책을 기점으로 다양한 그림책을 찾기 시작했다. 아이에겐 재미있고, 엄마에겐 힐링이 되는 그림책을 원했다. 육아는 생각보다 힘들었고, 나는 많이 지쳐있었다. 하지만 그런 순간에도 놓을 수 없는 건 책. 그거 하나였다. 책을 좋아하는 아이가 되기를 원했다. 그러기에 독서를 멈출 수 없었다.

로마 시대의 개혁가 카이사르는 이런 말을 했다. "약으로 병을 고치듯이 독서로 마음을 다스린다." 그렇다. 육아로 지친 나를 다스리기 위해 책에 더 집착한 것 같다. 그리고 스스로 치유를 했다.

아이와 함께 그림책을 보고, 그림 그리는 시간을 많이 가졌다. 그러던 중 마음 깊은 곳에 숨겨 놓았던 어릴 적 꿈이 꿈틀거리기 시작했다. 나는 어릴 적부터 그림에 관심이 많았다. '잘 그린다.' 혹은 '소질 있다.'라는 소리를 많이 들었다. 그래서 자연스럽게 꿈을 미술 관련 방향으로 나아가고 싶었다. 하지만 집안 형편이 좋지 못했다. 비싼 학원비를 내가며 미술을 전공으로 이어갈 수는 없었다. 그렇게 그림을 접고 살았던 나에게 그림책이 잊었던 꿈을 깨워주었다.

나는 다시 그림을 그리고 싶었다. 엄마이자 그림책 작가가 되어 내가 만든 책을 아이에게 읽어주고 싶은 마음이 생겼다. 그런 상상을 하니 너무나 행복했다. 나에게도 꿈이 생긴 것이다. 갑자기 가슴이 마구 뛰기 시작했고, 설레었다. 힘든 육아도 잠시 잊을 만큼 신이 났고 즐거웠다.

나의 열정은 빠른 속도로 타올랐지만, 현실은 마음과 달랐다. 그림을 그릴 시간도, 마음의 여유도, 그릴 공간도 없었다. 아무것도 하지 못한 채 시간은 자꾸만 흘러갔다. 아이가 어린이집을 다니면 나만의 시간이 많이 생길 것 같았지만, 아니었다. 등원시키고, 밥 한 끼 먹고, 집안일을 하다 보면 벌써 하원 시간이었다.

그래서 계획표를 짰다. 그림 그릴 시간을 강제로 집어넣었다. 매일 크로키를 하며 기초를 다졌다. 하지만 기초와는 별개로 그림 실력은 늘지 않았다. '그림책 작가는 무슨… 작가는 아무나 하나?' 불같이 타오르던 나의 열정은 한순간 차갑게 식어버렸다.

쉽게 불타오르고, 쉽게 꺼져버리는 나의 열정엔 무언가 빠져 있었다. 그것이 실력이라 생각했지만, 아니었다. 그건 바로 노력이었다. 노력하지 않고 잘 그리기만 바라던 어리석은 마음을 바로잡기로 했다. 그리고 초심으로 돌아가 나에게 투자를 하기로 했다. 전문가의 도움이 필요하다는 걸 느낀 것이다. 그림의 기초는 있으니 조금만 노력하면 성장할 수 있으리라 생각했다. SNS를 보며 주변에 배울 수 있는 곳을 찾았다. 때마침 포항에서 그림책 더미북 만들기 과정이 오픈한 것이다. 기막힌 타이밍이었다. 차로 10분 거리인 효자동이었다. 나는 재빨리 선생님과 통화를 하고 학원 등록을 했다. 첫 수업 날 나는 선생님께 그림책 작가가 되고 싶다고 당차게 말했다. 살짝 당황한 듯한 선생님의 얼굴을 볼 수 있었다. 그리고 바로 웃으며 열심히 해 보자고 했다. 일주일에 한 번 있는 수업은 시간이 어떻게 가는지 모를 정도로 빠르게 지나갔다. 스토리보드도 만들어야 하고, 이야기도 구성해야 하고, 하나의 작품을 그리는 것과는 달리 책 만드는 과정은 너무나 낯설고 힘들었다. 그런 나에게 선생님은 다정하게 한마디 했다.

"그림을 잘 그린다고 모두 그림책을 잘 만들지는 못해요. 지금 잘하고 있으니 힘내서 끝까지 같이 해봐요."

그림만 잘 그리면 그림책 작가가 될 수 있을 거라는 어리석은 생각을 했었다. 다시 집중해 스토리보드를 만들고 본격적으로 밑그림을 그렸다. 그리고 채색에 들어가기 시작했다. 그림 재료로 색연필을 선택했고, 평소 즐겨 쓰던 재료가 아니라서 그림을 그리고 표현하기가 쉽지 않았다. 포기하고 싶은 마음이 들었지만, 포기할 수 없었다. 여기서 물러서고 싶지 않았.

"꿈을 품어라. 꿈이 없는 사람은 아무런 생명력도 없는 인형과 같다."라고 스페인 작가인 발타자르 그라시안이 말했다. 나는 계속해서 꿈을 꾸며 생명력 있는 삶을 살고 싶었고, 그 꿈을 꼭 이루고 싶었다. 그리고 누구보다 나 자신에게 보여주고 싶었다. 멋지게 꿈을 이루는 모습을.

"할 수 있어!"
나는 뜬금없이 파이팅을 외쳤다. 딸아이가 궁금해하며 쳐다본다.
"엄마, 뭐? 뭐 할 수 있어?"
"뭐든지 다! 엄마는 뭐든지 다 할 수 있는 사람이야!"
"나도 나도."

 오늘도 아무것도 하지 못한 채 파이팅만 외쳤다. 하지만 끝까지 해낼 것이다. 꿈을 꾸는 한 꿈은 분명 이루어진다고 생각한다. 나는 지금도 열심히 꿈을 꾸고 있다.

 그림책 작가, 나의 꿈은 현재 진행형 ing이다.

제 2 장

위로가 되는 순간

05
안녕

김수민

"수민, 이리 와보세요. 도대체 뭐로 긁은 거야?"

나는 TV를 보다가 깜짝 놀랐다. 부엌으로 총총 불려갔다. 남편은 설거지를 하다 말고 새 프라이팬을 전등에 비춰봤다. 검은 프라이팬 바닥에 회색 줄이 얇게 죽죽 그어져 있었다. 긁힌 부분이 전등 불빛을 받아 물고기 비늘처럼 반짝 빛났다. 나는 입이 툭 삐져나왔다. 저녁밥을 하다가 프라이팬을 살짝 태웠다. 그을린 것을 없애기 위해 아주 살살 긁었다. 단지 눈에 보이는 것이 쇠젓가락이었을 뿐이다. 세제에 묻혀 완벽히 은폐될 줄 알았는데, 남편은 귀신같이 찾아냈다. 물건을 소중히 다루면 오래 쓸 수 있다는 잔소리도 덧붙였다. 내가 '조금' 잘못하긴 했다. 하지만 괜히 심술이 나고 코가 벌름벌름해졌다. 그래도 들어보니 다 맞는 말이라서 할 말은 없었다.

"오빠! 옷을 왜 자꾸 책상에 널어두는 거야?"

방 청소를 하다가 소복이 쌓인 티셔츠들을 발견했다. 한 개씩 들춰보니 다 남편의 것이다.

"한 번 입고 빨기 아까워서. 어차피 다시 입을 거야. 입었던 거라서 옷장 안에는 넣기 싫고."

씩 웃는 입꼬리가 개구쟁이 악동이 따로 없다. 나는 미간을 쫙 찌푸렸다. 분명히 민망하니까 아무 말이나 했을 것이다. 눈을 게슴츠레 뜨고 인중을 잔뜩 부풀려 주었다. 나는 손가락으로 옷 무덤을 콕 찍어 가리켰다. 남편은 서둘러 빨래통을 농구 골대로 둔갑시켰다. 티셔츠를 하나씩 돌돌 말아서 농구공처럼 던졌다. 남편은 3점짜리 슛이 성공할 때마다 신나서 엄지를 치켜들었다. 나는 어이가 없어서 웃었다.

이렇게 투덕거려도 내가 제일 좋아하는 것은 남편과의 대화이다. 특히 함께 그림책을 읽는 것을 가장 좋아한다. 그림책을 읽으며 남편의 반응도 살핀다. 남편이 편안한 표정으로 그림책을 바라보면 나도 덩달아 차분하고 평화로워진다. 어느 날, 온라인 서점에서 산 《안녕》이라는 책이 문 앞에 도착했다. 짧은 제목과 회색빛의 차분한 표지가 마음에 들었다. 남편을 소파에 앉히고 그 옆에서 책을 펼쳤다.

"우와 오빠! 소시지가 주인공이야. 책 진짜 두껍다. 1장부터 4장까지나 있어. 만화책 스타일이네."

나는 우스꽝스러운 표정과 말투로 흥에 겨워 말했다. 그림책은 글이 거의 없고 주로 컷이나 큰 그림으로 이루어져 있었다. 신이 나서 1장을 펼쳤다. '귀여워'를 남발하며 함께 읽기 시작하는데 점점 둘 다 말이 없어졌다. 소시지가 태어났다. 행복하게 살았지만 결국에는 소시지의 엄마가 세상을 떠났다. 그 빈자리를 채워주는 것은 매우 큰 곰돌이 인형이었다. 쭈글쭈글 할아버지가 된 소시지는 곰돌이의 다리를 베고 몸을 뉘었다. 나는 남편을 올려다봤다. 남편은 소시지 할아버지만 계속 쳐다봤다.

남편이 천천히 책장을 넘기자 2장이 나왔다. 홀로 살던 소시지 할아버지는 말뚝에 묶여 버려진 강아지를 외면하지 못하고 집으로 데려왔다. 할아버지는 강아지에게 마음 여는 것을 힘들어했다. 자기가 소시지라서 강아지에게 먹힐까 봐 두려웠다. 하지만 강아지는 끊임없이 사랑을 표현했고, 할아버지는 우주복을 사서 입었다. 더는 먹힐 것을 두려워하지 않아도 되었다. 강아지와 공존하는 방법을 찾았다.

"3년 전에 우리 유월이 데려왔던 게 생각난다. 수민이는 원래 고양이를 싫어했는데."

남편이 읊조렸다. 동물보호센터에서 바로 눈에 띄었던 유월이. 나를 보자마자 애교를 부리던 새끼고양이가 어느새 성묘가 되었다. 고양이와 함께 지내며 가족이 되기 위해 수많은 시행착오를 겪었던 우리의 모습이 떠올랐다. 서로를 길들이며 같이 사는 법을 배웠다. 할아버지와 강아지도 그렇게 가족이 되었다.

3장이 시작되자마자 소시지 할아버지의 모습이 보이지 않았다. 나는 할아버지 없이 거리를 헤매고 있는 개를 눈으로 바쁘게 따라갔다. 개는 폭탄 아이를 만났다. 둘은 친구가 되어 숲으로 놀러 다녔다. 그곳에서 물속에 자기를 가두고 있는 '불'을 만났다. 자신을 위험한 존재라 여겨 늘 혼자였던 불은 개와 폭탄 아이를 만나 물속에서 나왔다. 결국에 숲이 불타기 시작했다. 개는 할아버지 집으로 이들을 이끌었다. 나는 불이 할아버지 집도 태울까 봐 걱정이 되었다. 하지만 불은 할아버지의 우주복을 입었다. 더는 무엇을 태울 일이 없어졌다. 불도 함께하고 싶은 이들과 공존하는 법을 알았다. 할아버지가 없는 이 집에서 너무 다른 셋은 가족이 되었다.

함께 4장을 넘겼다. 소시지 할아버지가 거미 아저씨를 찾아갔다.

거미 아저씨는 사후세계에서 죽은 이가 살다 온 별을 들여다 봐주는 일을 했다. 죽은 이들은 끊임없이 거미 아저씨를 찾아왔다. 그리고 살았던 별에다가 그들이 두고 온 것을 보여 달라고 했다. 거미 아저씨를 찾아온 인어 할아버지는 몸짱 남자친구를 사귄 아내의 영상을 보고 티슈 곽을 던졌다. 우리는 피식피식 웃었다. 하지만 다음 장을 넘기자마자 하릴없이 눈물이 터졌다. 갓난아기가 공갈 젖꼭지를 물고, 울고 있는 노부부를 영상으로 보고 있었다. 그러다 아기는 티슈 한 장을 뽑아 엉금엉금 기어가더니, 화면 속에 나오는 할머니의 눈물을 닦아줬다. 나는 이 아기가 손자가 아니라 자식처럼 보였다. 죽은 아기가 생각날 때마다 오랫동안 울고 있는 부부 같았다. 아기는 그동안 거미 아저씨를 자주 찾아온 것처럼 행동이 매우 자연스러웠다. 젊은 부부가 백발이 될 때까지 울고 있다니. 얼마나 많은 세월을 서로의 눈을 보며 견뎌왔을까. 아기가 엄마와 아빠의 눈물을 닦아주기 위해 썼던 티슈는 산처럼 쌓였을 것이다. 남편의 눈에서도 눈물이 흘러나왔다. 나는 그가 티슈를 들고 기어가는 갓난아기인지, 영상 속에 나오는 노부부인지 구분이 되지 않았다.

뽀드득, 한 장이라도 놓칠세라 책장을 꼬집으며 넘겼다. 소시지 할아버지가 거미 아저씨에게 건넨 첫 마디는 "내 개가 보고 싶소."였다. 할아버지는 그의 개를 온종일 가만히 지켜보았다. 그러다가 갑자기 화면을 향해 걸어가서 개를 어루만졌다. 방황하던 개가 친구를 만났기 때문이다. 세 친구는 함께 할아버지의 집으로 돌아와 곰돌이 인형에 푹 파묻혔다. 서로를 끌어안으며 차례대로 포개져서 인형의 다리를 베고 누웠다. 할아버지가 그러했듯이 개도 가족을 만났다. 그리고 할아버지는 거미 아저씨와 함께 일하게 되었다. 그는 우는 사람에게 티슈를 건네주는 일을 했다. 책을 덮고 남편과 나는 아무 말 없이 서로를 끌어안고 한참을 울었다.

우리는 서로 무엇을 느꼈는지, 왜 울었는지에 대해 깊은 얘기를 나누진 않았다. 나는 다 울고 나서 남편을 보며 해사하게 웃어줬다. 쭈글쭈글 소시지 할아버지가 우리 부부에게도 티슈를 건네준 것이 틀림없다. 말로는 표현할 수 없는 먹먹한 위로를 선물해 줬다. 갑자기 남편과 나를 아낌없이 사랑해 주었던 모든 사람의 얼굴이 스쳐 갔다. 다들 거미 아저씨를 잘 찾아갔을지 궁금했다. 거미 아저씨에게 우리를 보여 달라고 했을까. 막 떠나려던 우주여행, 우리를 보고 홀가분하게 출발했길 바란다. 소시지 할아버지에게 건네받은 티슈로 전쟁 같았던 세상살이도 위로받고 간다면 더 바랄 것이 없겠다. 남편은 자신의 부모님을 보며 '사랑'이 존재한다는 것을 알게 되었다고 했다. 사랑이 눈에 보인다면, 아마도 《안녕》을 읽던 우리의 모습이었을 것이다. 그 이후로 나는 《안녕》을 책꽂이에서 꺼내지 않았다. 그때의 순간을 그대로 남겨 두고 싶어 남편에게 다시 이 책을 가져가지 않았다. 책장에 꽂혀 있는 《안녕》을 볼 때마다 둘이 끌어안고 울던 때가 떠오른다.

우리 부부는 그림책을 같이 읽고 울면서 온기를 나누는 가족이다. 서로에게 언제나 완벽한 사람이 될 수는 없다는 것을 잘 알고 있다. 어느 날 감당할 수 없는 일이 닥쳐올 수도 있다. 바라는 것이 많으니 여전히 잔소리하고, 고쳐지지 않으면 서운할 수도 있다. 하지만 힘든 세상 속에서 서로를 버려두지 않을 자신이 있다. '화장실 불은 왜 안 끄는지', '설거지는 왜 밥 먹고 바로 안 하는지' 같은 사소한 것에 사로잡혀 서로를 비난하지 않으려고 노력한다. 서로가 불행하길 바라지 않으니, 각자의 생활을 존중하기 위해 무던히 애쓴다. 그러다가 버틸 수 없을 것 같은 힘든 순간이 오면, 그림책 한 권 건네고자 한다. 함께 실컷 울어줄 것이다. 많은 돈과 비싼 선물보다 그림책이면 충분하다.

06

사랑

송진설

나는 부족한 엄마다. 신이 자신의 손길이 미치지 못하는 곳에 어머니를 보냈다는 말이 있다. 아이를 가졌을 때 결심했다. 내 아이에게 좋은 엄마가 되겠다고. 아이를 위해서라면 뭐든 희생할 수 있고 끊임없이 애쓰며 아낌없이 주리라 마음먹었다. 하지만 당연하다 생각했던 모유 수유에서부터 난관에 부딪혔다. 육아 서적에는 아이에게 모유가 미치는 지대한 영향력에 대해 많이 나와 있었다. 엄마에게는 반드시 모유 수유를 해야 하는 운명이 있다고 여겨졌다. 내 아이가 모유를 먹으며 포동포동해지는 생각만 했다. 하지만 현실은 달랐다. 젖이 잘 나오지 않았다. 아들은 나오지 않는 젖을 빨다 지쳐 잠들곤 했다. 양이 턱없이 부족했다. 2시간도 채 되지 않아 자다 깨기를 반복했다. 분유를 먹이는 수밖에 없었다. 준한이는 젖병을 빨려고 하지 않았다. 시도할 때마다 좌절했다. 배가 고파 우는 아들을 보며 가슴이 미어졌다. 한 번도 상상해 보지 못한 일이었다. 모유를 잘 돌게 하려고 세 끼를 다 미역국만 먹었다. 큰 국그릇에 건더기와 국물을 가득 담았다. 밥 한 덩어리를 말자 국물이 넘칠 듯했다. 한 숟가락 푹 떠서 입속에 밀어 넣었다. 배 속으로 들어가 모유가 되어 주길 간절히 바랐다. 그러나 나의 바람과는 달리 모유의 양은 오히려 줄어들었다. 엄마가 되면 자연스레 아이를 배불리 먹일 모유가 나오는 줄 알았다. 나를 원망했다.

'사랑'이라는 단어는 꽃 이름 같다. 향기롭게 느껴진다. 맥 바넷이 글을 쓰고 카슨 엘리스가 그림을 그린 《사랑 사랑 사랑》이란 그림책은 제목만큼 아름다운 그림책이다. 책 표지의 사랑이라는 글자가 입체적으로 표현되어 있어 더욱 눈길을 끈다. 큼직한 분홍빛 꽃송이가 피어 있고, 초록 줄기가 이리저리 뻗어 있는 모습을 보니 책 표지 너머 꽃과 줄기, 잎이 가득할 것 같다. 어린 시절, 주인공은 사랑이 무엇인지 궁금했다. 오랜 세월 살아온 할머니는 알고 있으리라 생각한다. 하지만 할머니는 대답하기 참 힘들다며 세상에 나가면 답을 찾을 수 있을 거라 말한다. 그렇게 사랑을 알기 위한 긴 여정이 시작된다. 주인공은 세상을 다니며 사랑이 무엇인지 묻는다. 다들 각자에게 소중한 것만 말한다. 여러 해가 지나도록 답을 찾지 못한 손자는 한순간 깨닫게 된다. 곧바로 집으로 돌아가 할머니를 꼭 안아준다. 사랑은 특별한 것이 아니다. 일상 속에서 곁에 있는 소중한 사람을 보듬어 주는 것이다. 또한 저마다 꽃향기가 다르듯 나만이 가지고 있는 사랑의 향기도 다르다.

　스스로에게 물어본다. 아이에게 어떤 사랑을 주고 싶은지. 누구의 답도 아닌 오직 나만의 답을 찾고 싶다. 그림책을 덮으며 사랑이 무엇인지에 대해 곰곰이 생각했다. 완벽하길 바라는 사랑은 온전한 사랑이 아니었다. 줄 수 있기에 행복하면 된다. 누군가와 비교하지 않고 내가 줄 수 있는 사랑을 주면 된다.

　초보 엄마라서 실수로 가득했던 지난날이 떠오른다. 왜 그것밖에 주지 못했을까. 더 능숙한 엄마가 될 수 없었을까 후회했다. 내가 줄 수 없는 것에 온 마음이 다 가 있었다. 아쉬운 마음속에서 허우적거리며 온전히 서 있지 못했다. 그럴 때마다 휘청거렸다. 《사랑 사랑 사랑》은 내가 준 모든 것이 완벽한 사랑이라고 말한다. 정성을 다한 나에게 멋진 엄마라고 얘기해 주는 듯하다. 아무도 모르게 흘린 나의 눈물을 닦아주었다.

《꿈에서 맛본 똥파리》는 백희나 작가의 그림책이다. 다른 올챙이보다 조금 일찍 깨어난 오빠 개구리는 일터에 나간 어른을 대신해 동생들을 보살핀다. 허기진 동생의 배를 채워주기 위해 혀를 길게 뻗어 똥파리를 잡는다. 자신은 먹지도 않는다. 많은 동생들의 배를 채워주고 나자 기진맥진 쓰러진다. 그대로 잠들어 꿈을 꾸는데 똥파리를 맛보게 된다. 그 맛은 기가 막혔다. 세상에서 가장 맛있는 것들의 맛이었다. 꿈에서 깨어난 오빠 개구리는 기운이 넘친다. 똥파리는 오빠 개구리가 줄 수 있는 큰 사랑이었다.

사랑 앞에 비교란 단어를 지워버리기로 했다. 나와 아이에게 오롯이 집중해야 한다. 내가 주는 사랑이 가장 귀하고 소중한 사랑이라는 걸 믿어야 한다. 다른 엄마와 나를 비교하며 안절부절못했던 시절이 있었다. 더 많은 사랑을 주고 싶어 하는 내 모습에서 이미 좋은 엄마임을 잊지 말아야 한다. 우리는 스스로를 낮게 평가하며 작아질 때가 많다. 내가 주는 사랑 또한 낮은 대우를 받는다. 무엇보다 자신감이 필요하다.

아이를 사랑하며 보내는 나날들이 인생 최고의 날이라고 그림책이 일깨워 주었다. 내가 주는 사랑 그 자체로 충분하다. 좌절했던 그때를 떠올리며 말해주고 싶다.

"잘했어. 충분히 잘하고 있어."

준한이가 세 살 때였다. 하야시 아키코의 《달님 안녕》을 읽어주었다. 작은 보드북이다. 깜깜한 밤에 달님이 환하게 웃고 있다. 노랗게 불이 켜진 집 지붕 위로 고양이 두 마리가 보인다. 잠시 뒤 구름 아저씨가 달님 얼굴을 가렸다. 달님은 슬픈 표정을 짓지만 구름은 금세 비켜 간다. 간결하고 단순한 이야기이다. 하지만 영·유아에게 딱 알맞은 그림책이다. 사라졌다 나타났다 하는 달님을 보며 아이의 시선에서는 재미있고 생동감 넘치는 이야기이다. 읽어주고 나면 아들은 한참 동안 달님과 구름 아저씨 놀이를 했다. 신이 나서 이불 위를 데구루루 구르기도 했다. 짧은 몇 문장의 그림책이지만, 아이와 즐거운 시간을 보낼 수 있는 그림책이다.

나의 부족함을 그림책으로 채웠다. 한 권만 있어도 행복한 시간을 보낼 수 있었다. 애정을 듬뿍 담아 읽어주는 시간은 충분히 넉넉한 사랑을 나누는 시간이었다. 아이를 향한 사랑에 부족하다는 마음을 갖지 않기로 마음먹었다. 이미 충분히 좋은 엄마라고 된뇐다. 스스로를 부족하다며 자책하기보다는 오늘도 아이 곁에서 함께하며 사랑을 주었다는 것에 큰 의미를 두기로 했다. 그림책과 만나는 그 순간에 집중하려 한다. 현재 내가 줄 수 있는 사랑에 최선을 다하면 된다. 그걸로 충분하다. 어떤 상황에서도 긍정적인 마음가짐일 수는 없다. 하지만 세상을 살아가며 행복한 사람이 되려면 채워지지 않는 빈 공간을 받아들여야 한다. 세상에서 가장 소중한 나와 아이. 시선을 밖으로 돌리며 비교하지 않는다. 모든 기준이 우리일 때 작은 순간도 행복으로 간직할 수 있게 된다.

아이를 진심으로 사랑하고 함께하는 삶에 만족하면 된다. 즐겁게 웃는 시간이 보석보다 더욱 빛나는 시간으로 남을 것이다. 완벽한 사랑은 어디에도 없다. 함께하는 기억에 의미를 두며 하루를 보내려 한다.

인간은 자신이 행복하려고 스스로 결심하는 만큼만 행복할 수 있다고 링컨이 말했다. 지금! 여기에서 그림책을 읽어주며 행복한 사람이 되겠다.

07
마음의 벽

차은주

시험 기간인 고3 아들이 닭볶음탕을 먹고 싶다고 했다. 모든 일정을 뒤로 미루고 앞치마를 둘렀다. 냉동실에서 닭을 꺼내 녹이고 채소를 장만했다. 신선하고 상태 좋은 녀석들만 싱크대에 올렸다. 먼저 양념장을 만들었다. 닭을 밑간만 한 채 끓였다. 김이 오르자 채소와 양념을 한꺼번에 넣어 센 불에서 끓이기 시작했다. 시간이 없다는 아들의 말에 인덕션을 마음 졸이며 바라봤다. 어서 끓기만을 바라던 중 문득 친정엄마가 생각났다. 항상 내 마음을 졸이게 했던 우리 엄마. 급한 성격의 엄마에게 혼나지 않으려면 눈치를 많이 봐야 했다. '나는 엄마가 되면 당신처럼 되지 말아야지.' 하고 다짐했었다. 세상에서 엄마를 이해하는 게 가장 어려웠다.

엄마는 요리를 잘했다. 어릴 적 엄마가 차려준 밥상엔 국과 반찬이 늘 한 상이었다. 주변에서 음식 솜씨 칭찬이 자자했다. 바쁜 아침에도 엄마는 우리 세 자매가 먹을 아침을 꼭 해두고 일을 나갔다. 시큼 짭짤한 김치찌개 냄새에 우린 잠에서 깨곤 했다. 당면이 푸짐하게 들어가니 일류 요리 부럽지 않았다. 하지만 퇴근 후의 엄마는 달랐다. 날카로웠다. 엄마의 기분에 따라 집안 분위기는 변화무쌍했다. 엄마는 화내는 기계 같았다.

"엄마, 나 아이스크림 먹고 싶은데 백 원만 주면 안 돼?"

"뭐? 백 원이 누구 이름인 줄 알아? 엄마 돈 없어."

엄마는 늘 돈 얘기를 하면 화를 냈다. 아빠가 돈을 많이 못 벌어와서일까? 우리 엄마는 왜 다른 엄마들이랑 다를까? 내 얘기도 들어주고 우리랑 놀아주면 얼마나 좋을까? 퇴근한 엄마의 눈치를 살피며 나름 엄마를 이해하기 위해 노력했다. 하지만 잘되지 않았다. 지금 생각해보면 그때 엄마의 나이는 겨우 서른 중반이었다. 지금의 나보다 훨씬 어렸었다. 아이 셋을 혼자 건사하며 새벽에 일을 나갔다가 밤이 되어서야 무거운 몸을 이끌고 들어왔다.

엄마는 자주 이런 말을 했다. 엄지손가락을 치켜세우며 일등을 했다고 했다. 엄마는 공장에서 일을 가장 많이 해서 돈도 제일 많이 받는다고 했다. 그때는 그 말이 싫었다. 우리보다 돈을 더 중요하게 생각하는 것 같았다. 지금 생각해보면, 힘들었던 엄마가 자신을 위로하며 이해해 달라는 말이었다. 왜 그렇게 억척스럽게 살았는지 그때는 몰랐다. 엄마는 매일 밤 집에 돌아오면 다리가 아프다며 주물러 달라고 했다. 어렸던 나는 귀찮고 싫었다. 하지만 그때의 엄마 나이를 훌쩍 넘겨보니, 어느새 나도 내 아이들에게 다리를 주물러 달라고 부탁하는 신세가 되었다.

아이를 낳고 키우기가 쉽지 않았다. 아이와 대화하거나 훈육할 때 어떻게 해야 하는지 어려웠다. 나와는 달리, 남편은 아이를 잘 돌보았다. 밥도 챙겨 먹이고, 씻겨주고, 잘 놀아주기도 했다. 무엇이든 나보다 훨씬 잘했다. 남편이 있어 든든했다. 그러다 갑자기 남편이 장기 출장을 가게 되어 주말부부로 지내게 되었다. 바쁠 때는 한 달에 한 번 오기도 했다. 남편이 없으니 무엇이든 혼자 판단하고 아이들을 돌봐야 했다. 난감할 때가 많았다. 힘이 들어 감정 조절이 안 될 때는 내가 자라온 환경을 탓했다. 과거에 얽매여 아이들에게 사랑만 듬뿍 주면 잘 자랄 것이라고 착각하고 있었다. 눈치 보는 아이로 자라지 않도록 사랑만 주면 다 되는 줄 알았다. 좋은 엄마가 되고 싶었다. 하지만 혼자서 아이들을 돌보다 보니 좋은 엄마의 모습은 쉽게 무너졌고 친정엄마를 원망하는 마음도 커졌다.

몇 년 전, 동화 구연 봉사 단체에 참여해 알게 된 선생님 집에 차를 한 잔 마시러 가게 되었다.
"이 책 한번 읽어 보세요."
좋은 책을 만나면 보물이라도 발견한 듯 서로 추천해 준다. 선생님이 주신 책을 기대에 찬 얼굴로 받았다. 임사라 작가의 《동갑내기 울 엄마》라는 그림책이었다. '부모와 자녀가 함께 읽는 동화'라는 부제가 쓰여 있었다. 표지엔 아이가 눈을 감고 엄마의 손등을 덮으며 꼭 안아주는 모습이 그려져 있었다. 왠지 뻔한 이야기 같아 보였지만 노란 표지 속 엄마와 아이는 무척 행복해 보였다. 내가 엄마를 안아준 적이 있었는지 기억을 더듬어봤다. 떠오르지 않았다.

책 속에 등장하는 엄마와 은비는 입원 중인 외할머니 병문안을 하러 갔다. 외할머니는 엄마가 잠시 자리를 비운 사이 은비에게 이런 말을 해주었다.
"은비야, 은비는 일곱 살이지? 네 엄마도 은비 엄마가 된 지 일곱 살이란다. 엄마 나이로 겨우 일곱 살이니 모르는 것도 많고, 힘든 일도 많을 거야."
이 부분을 읽는 순간, 멍해졌다. 마지막 페이지를 덮자 가슴이 먹먹했다. 엄마가 생각났다. 엄마도 그랬겠구나. 엄마도 나이가 어려서 서툴렀구나. 나처럼 잘 몰라서 힘들었겠구나. 엄마의 서툴렀던 모습을 떠올리며 조금은 이해할 수 있었다. 엄마도 처음이었다. 부족하고, 모자라고, 불완전한 존재였다. 내 나이보다 훨씬 어렸던 엄마가 할 수 있는 최선은 무엇이었을까? 먹여주고, 입혀주고, 학교에 보내준 것. 엄마는 엄마의 자리에서 온 힘을 다해 살아 낸 것이다.

책의 마지막 부분, 은비는 외할머니가 돌아가시고 힘들어하는 엄마의 곁을 지키며 위로해 주었다. 아파서 출근을 못하는 엄마에게

오렌지 주스를 가져다주고 다 마실 때까지 기다렸다. 외할머니가 엄마에게 그랬던 것처럼 말이다. 그리고 은비와 엄마는 동갑내기 단짝 친구가 되었다. 나도 엄마와 친구가 되고 싶다는 생각이 들었다. 이제는 그렇게 할 수 있을 것 같았다.

화를 자주 내는 엄마라 싫었다. 친구들의 엄마를 부러워한 적도 있었다. 왜 나를 따뜻하게 대해 주지 않는 것인가, 원망도 많이 했다. 며칠 전 엄마와 통화를 했다.

"김치를 벌써 다 먹은 거야? 미리 얘길 했으면 엄마가 김치 좀 담갔을 텐데."

이제 엄마는 나에게 화를 내지 않는다. 자상하고 따뜻하게 말하려고 애를 쓴다. 오히려 내가 의견이 맞지 않으면 화를 낸다. 가끔 서운했던 기억이 떠올라 가슴에 묻어둔 말을 쏟아낼 때가 있다. 엄마는 아무 말 없이 가만히 듣는다. 내가 멈출 때까지 말이다. 이제는 안다. 엄마도 완벽하지 않다는 사실을. 엄마도 사람이고, 엄마도 여자이고, 엄마도 엄마인 것을. 그림책 한 권을 읽고 엄마를 하나의 존재로 보게 되었다. 이제는 응어리진 마음보다 현재의 삶이 엄마에게 편안함이기를 바래본다.

08
왜 나만 힘든 걸까?

최서원

스트레스가 머리끝까지 올라왔다. 참을 수 없어 아이에게 버럭 소리를 질렀다. 가끔은 화를 못 이겨 아이의 등을 때릴 때가 있었다. 무슨 이유에서든 아이를 훈육할 땐 매를 들면 안 되는데. 그것도 손찌검하면 더더욱 안 되는 것을 잘 안다. 알면서도 머리보다 몸이 먼저 반응할 때가 많았다. 남편은 그런 나를 경멸의 눈으로 쳐다본다.

"애를 왜 때려?"

큰 소리로 말하는 남편 앞에서 나는 참는다. 참아야 한다. 이런 순간에 남편에게까지 버럭 해버리면 큰 싸움이 된다는 것을 안다. 그리고 아이 앞에서는 절대 부모의 싸우는 모습을 보여주지 않으려고 노력 중이다. 나는 한숨을 내쉬며 방으로 들어간다. 엄마에게 한 대 맞아 울먹이며 잠든 딸아이를 보면 마음이 너무 아팠다. 끝까지 참지 못하고 버럭 해버린 나의 모습에 나 자신이 싫어지고, 아이에겐 한없이 죄인이 된다. 하지만 이 같은 행동은 어쩔 수 없이 계속 반복된다. 아무리 마음을 비우려 책을 많이 읽고 노력해 보아도, 순간순간 참지 못해 욱하고 폭발해 버리는 나를 발견한다.

 40대에 늦깎이 엄마가 되었다. 딸아이는 정적인 놀이보다 밖에서 뛰어노는 걸 좋아한다. 그만큼 엄마가 활동을 함께해 줘야 하는데, 너무나 쉽게 지치는 엄마였다. 체력적으로 지치다 보니 짜증도 많아졌다. 더 놀고 싶어 하는 아이를 강제로 데리고 돌아오는 일이 대부분이었다. 아이는 집에 가기 싫다며 울음을 터트릴 때도 많았다. 그럴 때면 결국 화를 내며 싫은 소리를 쏟아낸다.
 "아이들은 자유와 놀 시간이 필요하다. 노는 것은 사치가 아니라 필수이다."라고 존스 홉킨스 의과대학의 정신과 교수이자 저술가인 케이 레드필드 제이미슨이 말했다. 자유롭게 마음껏 놀게 해주고 싶었다. 지칠 대로 지쳐 먼저 집에 가자고 할 때까지. 하지만 언제나 먼저 가자고 하는 건 나였다. 밖에서 한참 놀다 와 밥 먹이고, 씻기고, 재워야 했다. 재우는 것도 전쟁이 따로 없다. 책을 읽어주고, 낮 동안 찍은 사진을 보며 얘기를 나누고, 그리고도 한참을 재잘거린다. 견디다 못해 결국 언성을 높이게 된다.
 "안 잘 거니?"
 소리치는 엄마에게 토라져 아이는 잠이 든다. 잠잘 때만이라도 행복하게 잠들도록 해주고 싶었는데 뜻대로 되질 않았다. '빨리 자야 나만의 시간이 생길 텐데' 하고 조바심이 난 적도 많았다.

얼마 전 언니네 집에 놀러갔다가《엄마》라는 그림책을 우연히 보게 되었다. 엘렌 델포르주의 글과 캉탱 그레방의 그림으로 된 책이다. 이 책에는 31명의 다르지만 똑같은 엄마가 나온다. 글은 길지 않지만, 짧고 굵게 엄마들의 다양한 삶이 표현되어 있다. 그리고 부드럽고 예쁜 그림이 고달픈 엄마의 마음을 따뜻하게 쓰다듬어 준다. 여자의 삶은 다양하지만, 엄마의 삶은 모두 비슷하다. 워킹맘이든, 전업주부든 아이를 향한 마음은 모두 똑같기 때문이다. 그런 공감들이 힘들고 지친 나를 위로해 주었다.

'그깟 그림책이 무슨 위로가 되겠어?'라고 생각하는 사람들도 많을 것이다. 나 또한 처음엔 그렇게 생각을 했었다. 하지만 한 권, 두 권 읽다 보니 나의 편견들은 깨지기 시작했다.

아이를 등원시킬 때마다 마주친 어린이집 동기 엄마들과 커피 한 잔 마시며 이야기를 나눈 적이 있다. 갱년기를 겪으며 아이를 돌보니 수시로 화가 나서 힘들고, 아들이라 체력적으로 달린다고 말하는 엄마가 있었다. 너무나 상황이 비슷해 나는 말했다.
"저도 그래요! 체력이 안 따라주니 못 놀아줘서 항상 미안해요."
또 다른 엄마는 얌전한 첫째와는 다르게 별나도 너무 별난 둘째를 어떻게 해야 할지 모르겠다며 힘들어했다. 그동안 '나만 왜 이렇게 힘든 걸까?'라고 생각한 것이 어리석은 생각이라는 것을 알게 되었다. 엄마들과 이야기를 나누다 보면 마음이 조금 편안해진다. '다른 집도 나랑 다를 게 없구나.' 이런 생각을 하면 조금 안정을 되찾게 된다.

한번은 놀이터에서 아이 친구의 엄마를 만나 이야기를 나눈 적이 있다. 그 가족도 우리 집만큼이나 여행을 자주 다니는 가족이었다. 나는 친구 엄마에게 말했다.
"아이를 위해 여행을 다니지만, 너무 힘들어요."
"맞아요. 엄마들에겐 집보다 여행이 더 힘들어요."
"그래도 애가 둘이라 다르죠? 뒤에서 둘이 잘 놀잖아요."

"아뇨, 아직 조수석으로 못 가요. 셋이서 뒷자리에 앉아서 난리도 아니에요. 애들이 가만히 있지를 않아서 제가 컨트롤해야 해요."

나는 깜짝 놀랐다. 7살 여자아이와 5살 남자아이를 키우는 엄마였다. 셋이서 뒷자리에 앉아 씨름을 하는 모습이 머리에 그려졌다. 차 안에서 아이들끼리 잘 놀 것 같아, 그 엄마는 조금 편하겠다고 생각했는데 그것도 아니었다.

나도 힘들고, 친구 엄마들도 힘들고, 모든 엄마가 힘들다면… 그 힘듦이 조금은 작게 느껴진다. 항상 예쁜 원피스만 입는 이웃집 엄마가 있다. 우아하게 훈육할 것처럼 보이는 그 엄마도 매일 목이 아프도록 소리를 지른다고 했다. 이런 말에 공감하다 보면, 언제나 죄인 같았던 나의 마음의 무게가 조금 줄어든다.

아마 그래서 엄마들이 모임을 좋아하는 것 같다. 조리원 동기 모임, 어린이집 동기 모임, 좀 더 커서는 학부모 모임까지 다양하다. 그렇게 모여서 많은 얘기를 듣고 공감을 하다 보면, 위로와 위안을 얻을 수 있다. 나는 아직 엄마 관련 모임이 없다. 하지만 그런 마음으로 모임이 생긴다면 진심으로 함께할 생각이 있다. 소극적이고 낯가림이 심한 나지만, 엄마라는 이름을 내세운다면 용기가 생긴다.

최서원이 아닌 율이 엄마로 산 지 5년 차가 되고 보니, 이 삶도 스펙터클하고 재미있다. 단, 기복이 너무 크다는 것이 단점이다. 아이에게 제일의 피난처는 엄마의 품속이라는 말처럼, 최선을 다해

따듯한 엄마가 되고 싶다. 엄마의 포근한 품에서 사랑을 먹고 잘 커 가는 아이의 모습을 본다면 그 어떠한 일보다 기쁘지 않겠는가.

끝으로 이 세상 모든 엄마가 혼자서 너무 힘들어하지 않았으면 좋겠다. 나 또한 많이 힘들었기에, 그리고 지금도 힘이 들지만, 용기와 인내가 있는 한 엄마들은 못 할 것이 없다고 생각한다.
그리고 멋지게 잘 해낼 것이다. 엄마는 그런 존재이니까.

09

따뜻한 손길

김수민

　나는 그림책을 두 권 만들었다. 유명한 그림책 작가가 되어 큰돈을 벌길 바라는 것은 아니다. 소장용이어도 그림책을 만드는 과정 자체가 좋다. 주로 지난날의 경험을 소재로 가져온다. 엄마에게 동생을 잘 돌보지 못했다고 혼났던 일, 9살 때 급식을 먹고 반으로 달려가다 토한 일 등 사소한 것들이 다 에피소드가 된다. 사실 그림책을 만드는 데에 대단한 능력이 필요한 줄 알았다. 하지만 나는 그림을 잘 못 그린다. 창의적인 이야기를 잘 지어내서 독자를 끌고 갈 필력도 부족하다. 그저 얇은 색연필로 정성스럽게 색칠을 했다. 그러면 내가 그린 주인공들과 배경이 종이에서 살아 움직여 자연스럽게 결말로 향한다. 그래서 그림책을 만들 때마다 마음이 몽글거리고 간지럽다. 나의 이야기를 줄글로 볼 때는 너무 적나라해서 항상 창피했다. 하지만 그림책에서는 등장인물을 빌려 은근히 나의 경험을 녹여냈기 때문에 주인공 뒤에 숨을 수 있다. 나의 이야기지만 남자아이나 코끼리를 주인공으로 내세울 때도 있었다. 그림책을 만들며 지난 일을 되돌아본다. 어느 순간 나 자신에게 해줄 말이 떠오른다. 어린 시절의 내가 듣고 싶었던 말을 어른이 된 내가 직접 해준다. 그리고 단단해진 마음으로 현재를 살아간다. 그림책을 보는 '수용자' 입장과는 또 다른 위로를 나에게 건넬 수 있다. 이것이 내가 그림책을 만드는 이유다.

그림책 선생님과 함께 두 번째 그림책을 만들던 때였다. 내가 쓴 일기에서 소재를 가져왔다. 주인공인 유연이가 자전거를 선물로 받아 신나게 탄다. 시장에서 오토바이를 만나 휘청거리다가 결국 채소가 잔뜩 담긴 소쿠리 위로 넘어진다. 채소를 팔고 있던 할머니는 나뒹구는 소쿠리를 보고 유연이에게 소리를 지른다. 유연이는 절대 자전거를 타지 않겠다고 마음먹으며 집에 도착해 엄마 앞에서 대성통곡을 한다. 여기까지가 내가 직접 겪었던 일이다. 감사하게도 실제로 엄마는 열심히 내 편을 들어줬다. 엄마는 웃으며 나를 안아줬고 "나쁜 할망구!"라고 말했다. 하지만 나는 그날 이후로 자전거를 타고 절대 시장에 가지 않았다. 시장에 있었던 모든 사람이 나를 쳐다봤다. 혹시 경찰관이 올까 봐 도망치듯이 집으로 왔다. 할머니의 표정이 아직도 생각난다. 너무 죄송했지만, 어렸던 나는 할머니의 표정에 질려 사과드리는 말을 못 했다.

그림책을 만들면서 그날의 나를 어떻게 위로할지 많이 고민했다. 나에게 필요한 것은 두 가지였다. 할머니와의 오해를 풀고, 할머니에게 사과하는 일. 그래서 엄마가 유연이를 꼭 안아주고, 할머니에게 다시 데려가는 장면을 그렸다. 할머니에게 직접 사과할 자신이 없어서 엄마의 입을 빌렸다. 엄마가 할머니에게 열심히 사과하며 채소를 한가득 산다. 유연이는 엄마 뒤에 숨는다. 그런 유연이에게 할머니가 빨간 사과를 건넨다. 유연이가 다시 자전거를 신나게 탄다. 그림책을 다 그리고 난 뒤, 웃음이 자꾸 흘러나왔다. 스스로 위로를 건네는 나의 모습이 기특했다. 이제 그때를 생각하면 무서운 할머니가 떠오르지 않는다. 넘어지지 않기 위해 핸들을 부들부들 잡으며 온몸에 힘을 준 내가 생각난다. "이 나쁜 놈아!"라고 욕을 들을 만큼 못된 아이는 아니었다고 위로한다.

그림책을 완성하고 계절이 여러 번 바뀌었다. 그림책 선생님은 계속 공모전에 도전해보자고 나에게 용기를 줬다. 세 번째 도전하려고 그림책 선생님에게 더미북을 받아왔다. 집에 도착해 주차한 뒤, 차 안에서 다시 읽어봤다. 유연이의 표정도 재미있고, 나뒹구는 채소만 봐도 웃음이 났다. 그런데 책장을 넘기자 그날따라 할머니가 눈에 확 띄었다. 머리카락, 표정, 주름 모두 다 욕쟁이 친할머니를 닮아 있었다. 그림책 선생님이 "할머니가 진짜 무서워요!"라고 말해서 깔깔 웃었던 것이 생각났다. 그리고 나는 갑자기 쓰고 있던 모자를 조수석으로 벗어 던지고 아무 맥락 없이 눈물이 터졌다. 자동차 핸들을 잡고 울면서 할머니에게 계속 미안하다고 말했다. 그 날은 할머니의 49재였다.

우리 할머니는 강원도 삼척시 적노리에 사는 농부였다. 나는 7살 때부터 밭에서 보구레를 끌었다. 누런 송아지 같은 내 뒷모습을 보고 쟁기질을 하며 따라오던 할머니는 배를 잡고 웃었다.

"아이고, 야이야. 쟈가 기운이 보통이 아이래요! 하마 양발에 구영이 뚫펬다."

나는 눈썰미도 좋았다. 할머니는 종종 밭에 심을 쪽파 뿌리를 다듬었다. 나는 그 모습을 가만히 지켜보고 할머니가 자리를 비울 때마다 따라 했다. 그러다 불호령이 떨어지면 아무것도 안 한 척 손을 놨다.

"아이고! 안 그래도 쌔가 빠지겠는데 야가 마카 싹 다 조잡을 내놨네!"

삼척에서 내려오는 날마다 먹던 점심 단골 메뉴도 있었다. 좁은 부엌에서 할머니는 큰 몽둥이를 들고 누런 도마에 반죽을 밀었다. 엄마는 고추장을 한가득 풀어 쿰쿰한 장칼국수 육수를 준비했다. 가만히 있을 수 없던 나는 "제가 할래요!"를 외치며 그 옆에서 몽둥이가 멈추기를 기다렸다. 기회가 오면 은색 쟁반 위의 둥그런 반죽에다가 밀가루를 손에 한 움큼 쥐고 패대기쳤다.

"야이야! 어타 이래 쌔무시릅나! 밀가루가 온천지에 개락이다!"

하지만 이런 시간도 한때였다. 할머니에게는 내가 12살 때 녹내장이 찾아왔다. "이렇게 살믄 뭐 하나. 마카 콱 죽어뻐려야대."라는 말은 할머니의 단골 멘트가 되었다.

할머니가 앞을 볼 수 없게 된 뒤부터 엄마와 나는 10년 넘게 한 가지 습관을 들였다. 할머니 집에 처음 올 때나 포항에 내려가기 전에 항상 할머니 손을 잡아주거나 얼굴을 만져드리는 것이었다. 그렇게 할머니는 점점 약해졌다. 작년엔 집에서 넘어지는 바람에 꼬리뼈가 골절되어 요양병원에 입원했다. 첫 면회, 요양병원 통유리

창을 사이에 두고 엄마랑 나는 할머니를 마주했다. 코로나19로 비대면 면회만 허용되어 할머니를 만질 수가 없었다.

나는 할머니에게 드릴 요플레와 딸기를 넣은 분홍색 종량제 봉투를 세게 끌어안았다. 우리 모녀는 만질 수 없는 할머니를 앞에 두고 펑펑 울었다. 할머니가 알지 못해서 다행이었다. 또 한 번은 예비 신랑을 보여주기 위해 우리 가족들이 다 같이 면회하러 간 적이 있다. 우리가 앞에 있어도 할머니는 볼 수가 없기에 휴대전화로 목소리만 들려주었다.

"인제 여는 신경 쓰지 말고 니들이나 잘 살아라. 다 잊어뻐리고 니들만 괜찮으면 나는 괜찮다."

나는 눈물이 차올랐지만 신랑이 어떻게 생겼는지, 본가는 어딘지 등 시답잖은 말을 하며 웃기만 했다. 그 이후 양가 가족만 참석한 결혼식을 올렸다. 숙소에 돌아와 할머니에게 전화를 걸었다. 할머니가 받지 않았다. 한 번 더 걸어도 신호만 갔다. 나중에 찾아가야겠다고 생각했다. 2주 뒤, 할머니가 코로나19에 확진되었다. 그리고 격리가 끝난 지 5일 만에 할머니가 돌아가셨다. 정말 흔한 핑계지만, 그게 마지막일 줄 몰랐다.

나는 쪽파 뿌리를 다듬던 다홍 지붕 밑에서 49재를 지낼 자신이 없었다. 그래서 삼척에 올라가지 않았다. 그런데 그림책 속의 할머니를 보자 모든 추억이 다 떠올랐다. 먹먹한 후회가 파도처럼 밀려왔다. 힘든 마음이 싫어 회피를 선택한 내가 미웠다. 갑자기 삼일장

마지막 날이 떠올랐다. 동생과 엄마가 할머니 영정을 들고 당신께서 평생 살아온 집을 둘러봐 드렸다. 다들 억수같이 쏟아지는 비를 온몸으로 맞았다. 아빠와 동생이 모든 가족을 이끌고 늘 지나다녔던 길을 내려오는 중이었다. 그런데 동생이 갑자기 멈추더니 뒤로 돌아섰다. 그리고 멀리 있는 빛바랜 다홍 지붕을 바라보며, 허리를 젖히고 냅다 울부짖었다.

"할머니! 다 버려요! 다 놓고 가요! 잘 가요, 그냥!"

그 모습이 생각났다. 그래서 나도 그림책을 품에 안고 동생을 똑같이 따라 했다. 손으로 축축한 눈꺼풀을 꾹꾹 문지르고 비볐다. 그동안 할머니에게 미안했던 일을 주절주절 생각나는 대로 다 읊었다. 할머니는 "우리 수민이나 며느리 아니면 누가 이렇게 내 얼굴을 만져주겠나!"라고 자주 말했다. 그 말이 생각나서 할머니 얼굴을 만지듯이 그림책을 계속 쓰다듬었다. 나는 내 방식대로 할머니를 보냈다.

그림책을 만들 때는 내 어린 시절을 위로했다. 그림책을 읽을 때는 어른이 된 나를 위로했다. 채소 위로 넘어졌던 그때도, 할머니를 훌훌 털어낸 이때도 모두 어지러운 초여름이었다. 닮아 있는 계절 속에 갇혀서 어디로도 가지 못하는 나를 그림책이 꺼내주었다. 지금 느끼는 감정이 무엇인지, 나에게 어떤 말을 해주고 싶은지 알려주었다. 창작자와 수용자, 두 입장이 모두 되어 보니 새삼 그림책의 힘이 대단하게 느껴졌다. 그림책 안에는 우리에게 전달하고픈 위로가 넘친다. 내 안의 이야기를 꺼낼 용기만 있다면, 그림책은 누구에게나 따뜻한 손길을 내밀어 준다.

10
나무

송진설

나무를 바라보면 마음이 평온해진다. 내가 숲으로 향하는 이유다.
집 근처 산책로에 갔다. 길가에 우뚝 선 나무가 활짝 열린 문처럼 반겨준다. 새소리를 들으려 창문을 내렸다. 맑은소리가 기분 좋다. 주차장에 도착하기 전 넓게 펼쳐진 잔디밭이 있다. 두 팔 벌려 초록빛 위에 드러눕고 싶다. 가만히 하늘을 올려다보는 상상을 하곤 했는데, 그럴 때마다 기분이 좋았다. 주차장에 들어서면 연못이 있다. 가까이 다가가 내려다본다. 아이와 함께 오면 한참을 서서 색색깔의 붕어에게 인사하곤 했다. 혼자라서 그냥 지나치려니 붕어들이 내 발자국 소리를 들은 건 아닐까 슬며시 내려다본다. 어느새 한가득 몰려들어 빼꼼거리며 나를 바라보고 있다. 발걸음을 서둘러 옮기며 산책로로 향했다.

포항의 청송대 감사 둘레길은 깨끗하고 아늑해서 산책하기 좋다. 조금 걷다 보면 대나무가 빽빽한 숲길이 나온다. 바람이 지날 때마다 바스락거린다. 긴 나무 데크를 따라 걸었다. 걸음걸음에 맞춰 삐걱거리는 소리가 정겹다.

작가 코리나 루켄의 《내 안에 나무》 표지를 보자마자 찬란함이 느껴지며 강한 생명력으로 다가왔다. 그동안 평온하게 해 주었던 초록빛 숲의 빛깔과 달랐다. 화려하게 빛나고 있는 짙은 분홍빛은 나무가 건네주는 따스하고 포근한 에너지였다. 작가는 그림책을 통해 마음속에 작은 나무를 심어 준다. 나무가 자라며 단단히 뿌리내리고 서로와 연결되기를 바라고 있었다. 우리 안에 자라는 나무는 힘겨운 일을 겪을 때마다 위로해 주고 힘을 줄 것이다.

숲에서 보았던 따스했던 것들이 떠올랐다. 살랑거리는 나뭇잎, 가지에 달린 솔방울, 한달음에 위로 올라가는 청설모, 쉬지 않고 노래하는 새. 비 온 후 흙냄새, 햇빛 쨍쨍한 날 연못에서 반짝거리는 물, 숲에서 만나는 모든 것은 살아있다. 자연에 존재하는 생명들은 축복받고 있는 듯 보였다. 그 속에서 혼자만의 시간을 보내며 위로받았다. 자신들의 축복을 조금씩 떼어 나에게 주는 듯했다. 소리 없는 공감으로 나를 안아주었다. 자연이 좋았다.

《내 안에 나무》는 경이로운 힘이 느껴지는 아름다움으로 글과 그림이 황홀하게 표현되어 있었다. 내 마음에도 작은 나무가 뿌리를 내렸다.

비 오는 날이었다. 그날도 숲으로 향했다. 하늘은 우중충하고 어두컴컴했다. 답답한 현실을 벗어나고 싶은 마음에 저절로 향하게 되었다. 숲은 마음이 넓다. 언제나 포근하게 안아준다. 마법을 부리듯 편안해진다.

《숲에서 보낸 마법 같은 하루》라는 그림책을 만났다. 베아트리체 알레마냐의 그림책이다. 표지 속 작가의 이름을 보자마자 빨리 펼쳐 보고 싶었다.

어두운 하늘에 비는 억수로 퍼붓는다. 아이와 엄마는 시골집으로 들어간다. 신나야 할 방학이지만 전혀 기쁜 표정이 아니다. 엄마는 매일 말없이 글만 쓴다. 아이는 익숙한 듯 지루한 표정으로 게임만 한다. 아무것도 하지 않고 게임만 하는 아이에게 엄마는 그만하라며 고함을 친다. 결국 몰래 게임기를 챙겨 밖으로 나온다.

문을 열고 나온 세상도 따분하기는 마찬가지다. 집 정원은 견디지 못할 만큼 따분했다. 아이는 밖으로 나와 연못 위 바위를 밟는다. 그러다 게임기를 물속에 빠뜨린다. 게임기가 없는 세상이 낯설게 느껴졌다. 아이는 오솔길을 따라 걷다가 버섯 향기를 맡고는 할아버지네 지하실이 생각난다. 그곳에 소중한 물건을 숨겨두었던 기억이 난다. 그곳으로 달려가 손가락으로 땅을 판다. 아이의 손에 닿은 것은 씨앗과 알갱이, 뿌리와 열매였다. 땅속 세상을 만지게 되는 순간 심장이 쿵쾅거렸고 눈이 부셨다. 이전과 다른 세상을 만나게 되었다. 아이는 흠뻑 젖으며 숲을 마음껏 뛰어다닌다. 그렇게 집으로 돌아가 거울을 보며 아빠의 얼굴을 만난다.

"온 세상이 다 새로 만들어진 것 같았죠."라는 문장이 아이의 마음을 말해주는 듯하다. 아이와 엄마가 마주 앉아 코코아를 마신다. 서로 마주하고 이야기 나눈다. 아이는 숲에서 마음을 열었다.

내가 숲에서 보낸 시간은 그림책 속 아이가 숲에서 보낸 것과 같이 마법의 시간이었다. 숲을 찾아갈 때 내 마음은 암울했지만, 숲에서 나올 때는 아이처럼 밝은 표정이 되었다. 숲에는 치유의 힘이 있다는 생각을 한다.

표지 한가운데 '삶'이라는 제목이 적혀있는 그림책을 만났다. 제목에 이끌려 펼쳐 보았다.

"삶은 아주 작은 것에서 시작됩니다."라는 첫 문장으로 시작된다. 아주 작은 것에서 시작하는 삶은 점점 자란다. 산다는 것이 늘 쉽지는 않고 때론 길을 잃기도 한다고 말한다. 하지만 아무리 어렵고 힘든 시간도 언젠가는 지나간다고 얘기해 준다. 여기서 끝이 아니었다. "그리고 새로운 길이 열립니다." 한참을 이 문장에서 멈춰있었다. 삶은 힘든 일을 견뎌내고 이겨내기를 반복한다. 지치고 힘들어도 포기할 수가 없다. 그림책 속에서 만난 문장은 내 마음을 뒤흔들었다. 모든 존재가 작은 것에서 시작해서 조금씩 자랄 테니, 매일 아침 부푼 마음으로 눈을 뜨라고 말했다.

쉽지 않은 게 인생인 건 알고 있었지만, 내가 가야 할 길이 보이지 않았던 때가 있었다. 막막하기만 했다. 《삶》을 보며 살아있는 존재의 모든 생(生)은 변하고 성장한다는 것을 느꼈다. 나의 인생 또한 매일 변화를 맞이하며 조금씩 자라고 있음을 받아들이게 되었다.

그림책의 한 장면이 마음 깊이 남았다. 바닷속 친구들이 아침을 맞이하는 모습이다. 매일 아침 부푼 마음으로 눈을 뜰 준비를 하는 모습. 편안하고 평온해 보였다. 나는 어떤 마음으로 눈을 뜨고 하루를 시작했을까. 가만히 떠올려 보았다. 크고 작은 일들로 내 하루의 시작을 축복해 주지 못했다. 그림책 《삶》을 보며 내 인생을 돌아보았다.

시련이 없다는 것은 축복받은 적이 없다는 것이라고 에드거 앨런 포가 말했다. 나의 삶은 언제나 고난의 연속인 줄 알았다. 하지만 《삶》이라는 그림책을 통해 나의 힘든 시간도 축복이었음을 깨달았다.

옐라 마리가 그림을 그린 《나무》는 글이 없는 그림책이다. 앞표지를 꽉 채우는 나무 한 그루가 있다. 장면이 넘어갈 때마다 계절이 바뀐다. 나무 곁에 있는 동물도 달라진다. 나무는 언제나 한자리에 묵묵히 서 있다. 나무의 삶을 생각한다. 바람이 불어도, 비가 내려도, 눈이 와도 언제나 꿋꿋하다. 내색 한번 하지 않는다. 자신의 인생을 불평하지 않는다. 생명이 있는 친구들에게 모든 걸 내어준다. 나의 삶과 나무의 삶을 바라보며 감사한 마음이 든다. 마음을 위해 자연이 나오는 그림책을 자주 펼친다. 숲에 있는 것처럼 평온해진다.

아인슈타인은 세상을 보는 데는 두 가지 방법이 있다고 말했다. 하나는 기적이 없다고 생각하며 사는 것이고, 다른 하나는 모든 것이 기적이라고 생각하며 사는 것이라고 했다. 삶은 세상을 어떻게 보느냐에 따라 축복이 될 수도 있고, 고난이 될 수도 있다.

자연 속에서 느껴지는 생동감이 좋다. 자연은 잠시도 쉬지 않고 매 순간 살아있음을 보여준다. 작은 바람에도 나뭇잎은 살랑거린다. 가지에 달려있던 솔방울은 어느새 툭! 하고 떨어진다.

자연과 그림책은 닮아 있다. 그림책도 마음을 공감할 줄 아는 사람에게는 위로와 격려를 건넨다. 읽으면서 가슴속에 뜨거운 무언가가 느껴질 때, 우리는 조용히 그림책과 대화를 주고받을 수 있다. 살아갈 힘을 천천히 얻는다. 삶은 매 순간 기적이다. 작은 것에서 시작해 점점 자라면서 새로운 길이 열린다.

나를 사랑하자. 나를 위한 시간이 필요하다. 스스로 위로하고 격려해 주어야 한다. 나무를 보며 위로와 힘을 얻는다. 그림책에서 나무를 만나도 좋다. 작가들의 감성이 더해져 자연에서만큼 편안하게 위안을 받을 수 있다. 힘들고 지칠 때마다 모든 걸 놓아버리고 싶은 순간이 있다. 누군가에게 기대고 싶은 날이면 숲으로 간다. 누구에게나 자신의 마음을 위로해 줄 대상이 있으면 좋겠다. 그림책이면 더욱 좋겠다.

11

행복

차은주

얼마 전 시작한 새벽 독서 덕분에 해돋이를 자주 보게 되었다. 5시 30분, 알람이 울리면 조용히 거실로 나온다. 6월의 거실은 해처럼 붉은빛으로 변하고 있었다. 해를 바라보지만, 눈이 부셔서 제대로 쳐다볼 수가 없다. 온몸으로 해의 기운을 받으려 잠시 거실에 서 있었다. 마치 마이클 그레니엇의 《무지개 꽃이 피었어요》의 무지개꽃처럼 말이다. 차가운 바다와 뜨거운 해가 만나는 명장면을 놓칠세라 카메라 셔터를 눌렀다. 초마다 바다의 색이 달라지고 있었다. 찰나의 순간을 담고 그렇게 흐뭇할 수가 없었다. 독서보다 더 값진 것을 얻은 느낌이 들었다. 나의 갤러리에 오늘 첫 행복을 담았다.

무엇을 위해서였을까? 나는 가끔 로또를 샀다. 기분이 좋은 꿈을 꾸거나 1등 당첨 가게를 지나면 나도 모르게 발걸음이 움직였다. 한번은 문재인 전 대통령이 우리 집을 방문하는 꿈을 꾸었다. 남편과 함께 걸으며 이야기도 나누었다. 다음 날 들뜬 마음으로 로또를 샀다. 대통령이 우리 집을 방문한 것은 길몽이라고 확신했다. 당첨될 것 같은 기대감과 절대 될 리 없으리라는 두 마음이 주말까지 나를 괴롭혔다. 결과는 꽝이었다. 역시 나는 운이 없는 사람이라고 탕탕탕 결론을 내리고 로또를 끊었다. 내가 로또를 샀던 이유는 돈 때문이었다. 돈이 많으면 지금부터 고생 끝, 행복 시작이라는 논리를 믿었다. 나의 행복 우선순위에 있던 로또와는 그렇게 작별하게 되었다.

이른 더위가 시작된 작년 6월이었다. 중학교에 입학한 딸 아이가 기침을 하기 시작했다. 코로나로 모두가 예민하던 때라 학교에 갈 수가 없었다. 동네 병원에서 폐렴으로 진단받아 약을 먹었지만, 증상이 심해졌다. 결국 포항의 한 종합병원에 입원하게 되었다. 항생제 덕인지 기침의 원인이라던 세균은 사라졌지만, 딸아이의 기침은 더 심해졌다. 검사를 추가로 했지만 모두 정상이었다. 원인이 딱히 없다는 것이었다. 암도 치료하는 시대인데 원인이 없다니 이해할 수가 없었다. 다른 병원을 가봐야 하는 건 아닌지 아이가 잘못될까 봐 무서웠다. 병원 생활이 열흘이 넘어갔다. 나는 새벽마다 아침잠이 많은 큰아이를 학교에 보내기 위해 30분 거리의 집에 다녀왔다. 간혹 못 가는 날은 관리실을 통해 아이를 깨워달라고 부탁했다.

힘들었다. 남편은 지방 출장 중이라 혼자 다 감당하려니 영혼이 녹아내리는 느낌이었다.

 딸아이와 잠시 있다가 점심을 챙겨주고 학원으로 출근했다. 일을 마치면 다시 집에 가서 속옷이나 필요한 걸 챙겨왔다. 잠은 병원에서 잤다. 간호사가 수시로 손전등 불빛으로 링거를 점검하니, 예민한 난 잠을 편히 잘 수가 없었다. 피곤했다. 병원이 감옥같이 느껴졌다. 하루 빨리 탈출하고 싶었지만, 나을 때까지 있는 것이 안전하다고 생각해서 참고 견딜 수밖에 없었다. 딸아이도, 나도 점점 지쳐갔다. 아이의 무표정한 얼굴을 멍하게 바라보기만 했다. 허윤미 작가의 《웃음은 힘이 세다》에 주인공 아이는 웃지 않는다. 웃는 아이들 속에서 웃지 않는 아이는 더욱 눈에 띄었다. 슬퍼 보였다.

 어느 날, 어린 아기와 엄마가 맞은편 병상에 짐을 풀었다. 새삼 아기를 보니 너무 사랑스러웠다. 아기가 나를 보며 살짝 미소 짓더니 길게 쳐진 커튼 뒤로 얼굴을 숨겼다. 나는 아기를 찾아 "까꿍!"이라고 말했다. 아기가 깔깔 웃었다. 아기는 숨고 나는 찾고 한참 까꿍 놀이를 했다. 아기는 나와 놀면서도 엄마를 올려다보며 웃었다. 엄마도 아기와 눈을 마주 보며 웃었다. 아기가 웃으니 엄마도 웃었다. 그 모습을 바라보는 나의 입가에도 미소가 번졌다. 모두가 행복해지는 순간이었다. 아기의 미소가 웃음 바이러스가 되어 우리 모두를 웃게 했다. 딸아이를 무표정하게 바라봤던 것이 미안해졌다.

"행복해서 웃는 것이 아니라 웃어야 행복해진다."라는 말이 있다. 심리학자 리처드 와이즈먼의 《립잇업》이란 책에서 행동은 마음가짐보다 훨씬 빠르게 변화를 가져온다고 했다. 웃는 행동을 함으로써 마음에 행복이 찾아온다는 이론이 이해되는 듯했다. 살짝 미소를 지어보았다. 별 느낌이 없어서 입을 최대한 크게 이가 다 보이도록 웃어보았다. 목이 간질거렸고 목구멍이 넓어지는 느낌이 들었다. 라벤더 향이 미묘하게 내 마음을 어루만지는 듯했다. 웃음을 행동으로 끌어낼 수 있다는 사실이 흥미로웠다. 나는 그렇게 웃는 방법을 배웠다.

장클로드 무를 어 바가 지은 《이름 보따리》의 일곱째 꼬마 늑대는 이름이 없었다. 결국 '이름 지어주는 이'라는 값진 이름을 갖게 되었을 때, 누구보다 행복해했다. 엄마가 이제는 자신의 이름을 불러줄 수 있기 때문이다. 나의 이름을 누군가 불러주는 것, 당연하다 여겼던 일상이 행복이었다.

제시카 수하미의 《소시지 소시지》에서 나무꾼은 위험에 처한 요정을 구해주고 세 가지 소원을 선물로 받게 되었다. 하지만 오랜 고민 끝에 배가 고파 소시지를 먹고 싶다는 혼잣말을 하게 된다. 소시지가 정말 날아왔고, 그 소원에 화가 난 아내는 소시지가 나무꾼의 궁둥이에 붙길 바란다며 두 번째 소원도 어이없게 써버리고 만다. 다행히 세 번째 소원은 가족이 함께 있는 것이 바로 행복이라는 것을 깨닫고 궁둥이에서 소시지가 떨어지는 소원을 말한다. 무엇보다 가족이 함께 있고 맛있는 소시지를 먹을 수 있다는 것이 행복이었음을 깨닫게 된다.

다비데 칼리의 《행복을 파는 상인》에서 비둘기는 행복을 파는 상인이다. 새들은 행복이 담긴 단지를 주문했다. 단지 속에 행복이 들어있다면 어떤 모습으로 들어있을까 상상해 보았다. 오로라처럼 신비스러운 빛일까? 별사탕처럼 달콤한 맛이 날까? 그러나 단지 속은 텅 비어있었다. 함께 책을 읽던 1학년 아이들은 비둘기 아저씨를 사기꾼이라고 했다. 새들을 속여서 나쁜 새라고 했다. 과연 새들은 단지가 비어있다는 걸 모르고 있었을까? 행복은 늘 우리 곁에 있다는 걸 새들은 알고 있었을 것이다. 행복을 찾아 단지를 채우는 모습에서 자신이 행복하다는 것을 느끼지 않았을까.

    나는 행복이란 로또라고 생각했다. 금전적인 여유로움과 평범한 삶이 더해져야 진짜 행복이라고 생각했다. 딸아이가 퇴원 후 집으로 가는 길, 옆자리에서 재잘거리는 딸의 말에 웃고 또 웃었다. 아이와 얼굴을 마주 보며 웃을 수 있는 것이 행복이 아니고 무엇이겠는가? 누군가 나의 이름을 불러주는 것, 가족이 함께 저녁 식사를 할 수 있다는 것, 소소한 일상이 행복이고 늘 우리 곁에 있다는 것을 기억하자. 거실에서 함께 TV를 보던 딸아이가 말했다.
"엄마, 나는 우리집이 좋아."
"우리집이 뭐가 좋은데?"
"엄마도 좋고, 아빠도 좋고, 학교가 가까워서도 좋아."
딸아이의 갑작스러운 말에 남편과 나는 서로 마주 보고 웃었다.
'땡그랑' 단지 속에 행복 하나가 또 채워졌다.

12
오롯이 나만의 공간

최서원

"힘들었지? 오늘도 고생 많았어."

퇴근한 남편에게 가장 먼저 듣고 싶은 말이었다. 하지만 남편은 아무 말이 없었다. 장난감으로 엉망이 된 거실과 지쳐있는 나의 모습을 보고 한숨을 쉬었다. 그리고 아무 말 없이 거실을 정리했다. 청소가 뭐가 그리 중요하다고 한숨까지 내쉬며 치우는 걸까. 남편의 행동에 나는 화가 났다.

몇 년 만에 친구들과 영화를 보러 간 적이 있었다. 딸아이를 어린이집에 보내고 서둘러 극장으로 달려갔다. 우리 세 사람은 모처럼 잡은 약속에 신이 나 있었다. 영화를 시간대에 맞춰 선택할 수밖에 없었다. 조건에 맞는 〈82년생 김지영〉을 보게 되었다. 영화가 시작됨과 동시에 눈물이 흘렀다. 주인공은 아무것도 아닌, 그냥 청소하고 있을 뿐이었다. 그 모습을 보는 순간, 무슨 이유인지 눈물이 흐르기 시작했다. 마치 영화 속 주인공으로 빙의되어 내가 청소하고 있는 것 같았다. 유모차를 끌고 여기저기 돌아다니는 모습, 장난감으로 가득한 집을 치우고 또 치우는 모습. 보는 내내 눈물이 멈추지 않아 들고 간 화장지를 다 쓰고 왔다.

중간에 앉은 친구는 지루해서인지, 아니면 피곤해서인지 잠을 잤다. 반대쪽 끝에 앉은 친구는 가끔 긴 팔을 뻗어 나의 어깨를 토닥여 주었다. 그녀의 토닥임 때문에 눈물이 폭포수처럼 쏟아졌다. 그녀는 육아가 오래전 얘기라 덤덤히 영화를 보는 것 같았다. 다행히 영화는 해피엔딩이었다. 주인공이 꿈을 향해 나아가며 막을 내렸다. 영화가 끝나자 우리는 밖으로 나왔다. 친구들은 왜 그렇게 많이 울었냐는 어리석은 질문은 하지 않았다. 우리는 굳이 영화 얘기도 하지 않았다. 그냥 맛있게 점심을 먹고 헤어졌다.

유명한 그림책 작가 앤서니 브라운의 《우리 엄마》에는 이런 내용이 나온다. "우리 엄마는 훌륭한 화가이고, 세상에서 가장 힘이 센 여자이고, 착한 요정이고, 노래도 잘하고… 하지만 우리 엄마가 되었죠." 나의 눈물샘 자극 포인트이다. 그 모든 것을 할 수 있고, 될 수 있는 많은 것 중에 엄마가 된 것이다. 나도 율이 엄마가 되었다. 하고 싶은 거, 배우고 싶은 거, 되고 싶은 거 정말 많은 나였는데, 그 모든 것과 맞바꿔 율이 엄마를 선택한 것이다.

하지만 선택을 했다고 후회를 하지 않는 것은 아니다. 가끔은 너무 힘들어 후회한 적도 있고, 잘나가는 친구들을 부러워한 적도 있다. 그리고 힘든 현실에서 벗어나고 싶을 때도 많았다.

조금의 숨 쉴 구멍이 필요했다. 잠시 현실에서 벗어나 나만의 시간을 가질 수 있는 그런 곳이 필요했다. 한마디로 나를 위한 공간을 가지고 싶었다. 그곳에서 작업복으로 갈아입고 그림을 그리는 나의 모습을 상상해 보았다. 다양한 그림 도구들로 가득한 작업실의 모습을. 벽에는 내가 그린 작품들로 가득 채워져 있고, 햇빛이 잘 들고, 적당히 넓으며, 느낌 좋은 그런 작업실을 가지고 싶었다.

아마도 나는 허세를 좋아하는 것 같다. 테이블엔 갓 내린 커피가 향기롭고, 햇살을 받아 따뜻하고, 큰 식물이 많은 멋진 작업실은 나의 로망이다. 그림을 잘 그리지도 못하고 많이 그려보지도 않았지만, 그런 공간이 절실했다. 그래서 집과 가까운 곳에 빈 상가들을 살펴본 적도 있다. 하지만 하나같이 작고 허름한 공간임에도 보증금과 월세가 너무 비쌌다.

이런 나의 사정을 알고 친구가 말했다.

"괜찮다면, 우리 남편 사무실 한쪽을 작업실로 사용할래?"

"정말? 그래도 된다면 한번 보고 싶어."

나는 너무나 궁금해서 친구를 따라 사무실을 보러 갔다. 휑한 창고형 사무실이었다. 칸을 잘만 나누면 쓸만할 것 같았다. 친구의 남편과 자주 마주치게 된다는 것이 조금 불편할 것 같았지만, 나만의 공간이 생기는데, 그 정도 불편은 아무것도 아니라고 생각했다.

사무실의 한쪽을 나누어 사용하기로 했다. 칸막이가 필요했고 나는 책장을 여러 개 주문했다. 그 책장으로 칸을 나누려고 일렬로 세웠다. 어느 정도 공간이 분리됐다. 책상과 책들도 가져다 놓고, 화이트보드와 이젤도 사다 놓았다. 그것만으로도 훌륭한 나만의 작업실이 되었다. 물론 독립된 공간이 아니라 100프로 만족스럽지는 않았지만, 나만의 공간이 생겨 너무나 좋았다.

나는 시간 날 때마다 찾아가 청소하고 꾸미기 시작했다. 예쁜 화분들을 여러 개 가져다 놓으니 제법 분위기 있는 작업실이 되었다. 이곳에서 이제 마음껏 나만의 작업에 몰두하기로 했다.

딸아이를 등원시키고 나는 작업실로 출근을 한다. 식물들이 반겨주는 작업실이다. 이곳에선 절대로 집안일 걱정은 하지 말자고 결심했다. 오롯이 나만을 위한 공간에서 '최서원'의 마음을 살피고, 하고 싶은 일을 하기로 했다.

"시작부터 훌륭할 필요는 없지만, 훌륭해지기 위해선 시작해야 한다."라고 세계적인 연설가 지그 지글러의 말처럼, 나도 훌륭하진 않지만 시작한 것이다. 왠지 이미 작가가 된 듯한 기분이 들었다. 바닥을 쓸고 닦으며 작업실을 가꾼다. 그리고 화분에 물을 주었다. 물만 주었는데도 초록의 에너지들이 싱그러움과 힐링을 안겨 주었다.

이처럼 작업실이 아니더라도 각자가 온전한 자기만의 공간을 만들면 좋을 것 같다. 그것이 베란다 한쪽이든, 안방의 구석 자리이든. 나만의 물건과 나만이 사용하는 자리가 있으면 좋겠다. 그곳에서 그 누구의 방해 없이 커피를 마시든, 글을 쓰든, 나를 위한 그 어떤 행위를 함으로써 마음의 안정을 찾는 시간을 가지면 좋겠다. 그것만으로도 삶을 대하는 마음이 아주 조금은 달라짐을 발견하게 될 것이다.

오롯이 나만의 공간!

나는 이곳에서 나만의 시간을 보내며, 에너지를 가득 충전하고 집으로 돌아간다. 그리고 다시 힘차게 생활해 본다.

제 3 장

잊고 살았던 감성을 찾다

13
나만의 도토리 시간

김수민

　내가 정말 좋아하는 사람이 있다. 신규교사로 첫 발령을 받고 교무실에서 그녀를 처음 만났다. 그녀는 깔끔한 무채색의 옷을 입고 의자에 앉아 수첩을 펼치고 있었다. 동그란 눈이 서글서글한 웃음을 더 돋보이게 했다. 나와 달리 목소리도 차분했다. 업무 분장표를 봤다. 아무것도 몰랐지만, 일단 그녀는 매우 어려운 업무를 맡은 것 같았다. 능력이 있어 보였다. 하지만 시간이 흘러도 서로 가벼운 얘기만 잠깐 오갔다. 더는 그녀와 깊은 대화를 나누지 못했다. 그런데 가을 소풍을 다녀온 뒤, 우연히 복도에서 마주쳤을 때였다.
　"학교생활은 이제 적응이 돼요? 발령 동기랑은 잘 지내는 것 같던데. 여기 안 심심해요?"
　이때다 싶어 나는 조잘조잘 말을 붙였다. 드디어 언니라는 호칭을 따냈다. 언니도 나를 수민이라고 불렀다. 반말까지 하면 나도 모르게 언니한테 짓궂은 장난을 칠 것 같았다. 언니의 마음을 상하게 하고 싶지 않아서 꾸준히 존댓말을 했다. 언니는 1년 반 동안 본인이 가꿔 온 또래 선생님들의 모임에 나를 끼워줬다. 드디어 이 고요한 곳에서 같이 놀 사람이 생겼다. 보드게임으로 내기를 해서 떡볶이와 튀김을 사 먹었다. 어떤 날은 언니 차를 타고 멀리 나가서 프레첼 빵과 커피를 마시며 수다를 떨었다. 또 회식 때 몰래 빠져나와 언니가 만든 조개탕에 청하를 마시고 걸그룹 노래를 실컷 불렀다. 아무것도 없던 나에게 언니는 활력소였다. 목욕탕을 같이 갈 만큼 친해졌고, 많은 얘기를 나눴다. 알고 보니 언니는 더 능력자였다. 그림도 잘 그리고, 일본어도 잘하고, 수영도 잘했다. 요리도 잘하고, 디자인도 잘하고, 컴퓨터도 잘 다뤘다. 제일 배우고 싶은 점은 언니가 하고 싶은 일이라면 차근차근 실행에 옮기는 실천력이었다. 나도 저렇게 바쁜 삶을 살겠다고 다짐했다. 오랜 시간 언니와 함께할 줄 알았다. 하지만 칼바람이 부는 겨울은 어김없이 찾아왔다. 언니가 먼저 근무지를 옮겼다. 같이 마음 터놓던 사람들이 다 사라졌다. 새 학기가 시작된 3월, 봄 날씨가 너무 좋았지만 혼자가 된 나는 할 수 있는 것이 아무것도 없었다.

    나는 할 일을 찾기 시작했다. 언니처럼 연구회에 소속되고, 지성 집단에 참여해서 능력을 펼치고 싶었다. 하지만 나는 그림도 못 그리고, 컴퓨터도 서툴렀다. 내 길이 아니었다. 일본어 방문 학습지도 신청했다. 이것도 금세 질렸다. 그때부터 마음이 조급해졌다. '언니는 저렇게 열심히 사는데, 나는 뭐 하고 있지?'라는 생각이 스멀스멀 올라왔다. 암암리에 언니와 나를 비교했다. 그리고 자연스럽게 언니의 멋지고 바쁜 삶을 듣는 것이 힘들었다. 나는 집에 가면 고양이를 돌봤다. 가끔 언니가 소개해 준 남자친구를 만났다. 주말에는 침대와 한몸이 되어 유튜브 영상만 돌려봤다. 이런 나의 삶이 당당하게 느껴지지 않았다. 언니처럼 사는 것이 20대를 훌륭하게 보내는 것이라는 생각이 들었다. 언니만큼의 능력치가 없어서 열등감으로 가득 찬 나의 모습이 싫었다. 점점 언니와의 연락이 뜸해지고 만나는 횟수도 줄어들었다. 정말 미안했다. 하지만 어떻게 행동해야 하는지 알 수가 없었다.

앞으로 하고 싶은 것에 대해 곰곰이 생각했다. 하지만 어떤 것도 확신을 갖지 못한 채, 그저 시간을 허투루 보내지 않는 것에만 혈안이 됐다. 무작정 여러 분야의 학원도 등록했다. 그때쯤 동네 서점에서 운영하는 그림책 소모임을 알게 되었다. 무엇이라도 해야 한다는 불안함에 친구를 따라서 덜컥 가입했다. 격주로 한 번씩 주말마다 모였다. 리더를 정해서 자신이 소개하고 싶은 그림책을 다른 회원들에게 읽어주는 방식이었다. 그림책을 주제로 공부하는 느낌일 때도 있고, 가볍게 훑어볼 때도 있었다. 이렇게 같은 관심사를 가진 사람들끼리 모여 있으니 모임에 더욱 애정이 갔다. 날씨가 덥든 춥든, 모든 회원이 모임 장소까지 무거운 책을 가져오면서 힘든 내색이 없었다. 내가 리더일 때는 설레는 마음으로 좋아하는 그림책을 소개했다. 읽으면서 반응이 좋으면 마음이 뿌듯했다. 개인적인 취향이 존중받는 느낌이었다. 의미 없는 시간을 보낸다고 여겼던 20대 중반에서 제일 값진 시간이었다. 이 시간만큼은 온몸이 따뜻한 허브차로 꽉 채워지는 충만한 기분이 들었다.

그래도 눈에 보이는 결과나 경력이 중요하다는 생각은 변함이 없었다. 어떻게 살아야 할지 방향을 찾던 중, 이 모임에서 정답 같은 그림책을 만났다. 회원 한 분이 소개해 준 《도토리 시간》이라는 책이었다. 그 책을 소개받은 뒤, 나는 잊고 있던 내 모습이 떠올랐다. 생각을 정리할 겨를도 없었다. 바로 동네 서점에서 이 책을 샀다. 때마침 크리스마스가 다가와서 사장님이 예쁘게 포장해 주셨다. 언니에게 이 그림책과 티백을 주고 싶었다. 사실 선물이라는 목적 뒤에 '언니는 모르는 나만의 공개 선언을 위해서'라는 이유가 숨어있었다. 그동안 느꼈던 솔직한 마음을 편지로 써서 언니의 집 문고리에 책과 티백을 함께 걸어 놨다. 내 열등감이 창피해서 직접 전해 줄 용기는 없었다.

《도토리 시간》을 읽으며 눈이 동그래진 부분이 있다. 주인공이 힘든 날을 보낸 뒤, 몸과 마음이 작아져서 액자 속 조그마한 도토리 안에 들어간 장면이었다. 주인공은 일상을 떠나 다람쥐꼬리를 타고 액자 안으로 들어갔다. 도토리의 문을 열고 자신만의 세계로 입장했다. 나는 주인공이 좋아하는 것을 하며 기분전환을 하거나, 소중한 이를 만나서 힘을 얻을 줄 알았다. 하지만 예상은 빗나갔다. 주인공은 넓은 잔디밭에 가만히 누워 아무것도 하지 않았다. 고요하게 빈 시간을 누리는 동안 여러 가지 풍경과 자연을 조용히 보기만 했다. 이는 주인공이 다시 씩씩하게 살아갈 수 있도록 힘을 줬다. 마음의 여유가 생겨 심심해진 주인공은 도토리 안에서 나왔다. 그리고 다른 사람의 도토리 시간을 기다렸다. 기다림이 끝나면 다람쥐와 함께 모든 사람이 다 같이 하늘을 올려다봤다.

이 장면을 보자마자 "맞다, 저거였지."라는 말이 나도 모르게 입밖으로 튀어나왔다. 주인공이 살아가면서 힘을 얻는 방법이 나와 너무 닮아 있었다. 나도 자연에서 힘을 얻고, 주변에서 영감을 받아 생각을 키워가던 시절이 있었다. 나에게는 다른 사람의 감정, 내가 겪는 상황에서 오는 메시지, 자연의 활력 등 있는 그대로 다 받아들이는 힘이 있었다. 특히 주인공처럼 도토리 안에 들어가 혼자만의 시간을 가질 때 제일 심했다. 바람 부는 모양, 나무 흔들리는 냄새, 사람들 걸음새 등이 세포 하나하나에 스며들었다. 비가 오면 우산을 들고 춤을 추는 개미가 생각났다. 날씨가 화창하면 나뭇잎 요정이 열심히 햇빛을 나르는 모습이 떠올랐다. 언니와 친해지기 전에는 넘치는 감성으로 작은 시집도 한 권 만들었다. 오롯이 주변의 것들을 잘 흡수하다 보니 떠다니는 생각이 많았다. 하고 싶은 말이 듬뿍 넘치니까 글을 썼다. 지나간 일상을 기록한 노트가 10권이 넘었다. 나는 시간을 낭비하며 살지 않았다.

　잊고 있던 나만의 감성을 다시 발견했다. 이 감성은 연구회에 소속되거나, 경력을 쌓는 일을 하면서 발현되기는 힘들다. 언니를 따라가다 다리 찢어진 뱁새가 되지 말고, 특별한 나의 감성을 지켜야겠다는 생각이 들었다. 그래서 나는 더 많은 취미 생활을 했다. 우쿨렐레 연주하기, 그림 그리기, 자전거 타기, 산책하기, 여행 가기, 노래 듣기 등 능력을 쌓기 위한 일이 아닌 경험을 위한 일을 했다. 다른 이를 마음껏 사랑하고, 아이들을 가르치고, 고양이들을 돌보았다. 겪어보고 시간을 쌓으면 어느 순간 생각이 흘러넘쳤다. 가끔 감당이 안되는 날에는 펜을 잡았다. 글이 산으로 가면 그림책의 형식을 빌렸다. 그러다 지치면 한껏 작아져서 도토리 안으로 들어갔다. 혼자서 큰 고래를 타고 별바다를 구경했다. 지도에 없는 천공의 성 라퓨타도 다녀왔다. 이것도 힘든 날에는 그림책을 잔뜩 쌓아놓고 그림만 보며 술술 넘겼다. 나만의 도토리 시간이 끝나면 다람쥐 꼬리를 타고 액자 밖으로 다시 나왔다. 그리고 당장 눈에 보이는 일부터 힘차게 시작했다.

이제 언니의 바쁘고 멋진 삶의 이야기를 듣는 것이 두렵지 않다. 언니가 하는 모든 얘기에 고개를 끄덕이고, 진심으로 경청할 수 있다. 나는 나만의 길을 잘 가고 있다고 드러내고 싶지도 않다. 누군가에게 자랑하지 않아도 내가 가진 힘을 믿는다. 여전히 언니를 많이 좋아한다. 서로 바쁘다는 핑계로 오랜 시간을 만나지 못했다. 꼭 조만간 조개탕을 만들어 청하를 끓여 놓고 언니를 집에 초대하고 싶다. 그리고 다시 한번 언니가 편지로 써준 주례사를 읽으며 감사하다고 말하고 싶다. 언니가 소개해 준 남편과 사랑스러운 고양이들이랑 함께 그림책을 읽으며 사는 모습을 자신 있게 보여줄 수 있다. 나의 생활과 감성을 숨기지 말고 잘 펼쳐 보여야겠다.

14

자연 속에서

송진설

세상의 소리가 소음으로 들리는 순간이 있다. 그럴 때는 무기력해진다. 멍하니 창밖을 보다 눈물이 흐르기도 했다. 혼자 있는 시간만큼은 아무 소리도 듣고 싶지 않았다. 좋아하는 라디오 소리도, 음악 소리도 들리지 않게 했다. 그때 난 작은 소리에도 깜짝깜짝 놀랐다. 사람도 만나고 싶지 않았다. 내 모습이 초라하게 느껴졌다. 그냥 조용히 가만히 있고 싶었다. 한없이 움츠려진 나를 드러내 보이면 한심하다 비난할 것 같았다. 소란스럽지 않고 고요한 시간 속에 평온한 시간을 보내고 싶을 뿐이었다.

계속 악몽을 꿨다. 높은 곳에서 까마득한 아래로 떨어지는 꿈이었다. 똑같은 꿈을 자꾸 반복해서 꿨다. 잡을 건 아무것도 없이 곤두박질쳐지는데 자는 게 두렵기까지 했다. 내 존재가 모래알처럼 흩어져 사라져버릴 것만 같았다.

나는 자존감이 낮은 사람이다. 사람들과 마주할 때면 더욱 나 자신이 초라하게 느껴진다. 내 눈에는 사람들이 다들 멋져 보인다. 잘하는 게 많고 능력 있어 보인다. 나는 뭐 하나 내세울 것 없는 사람으로 느껴진다. 한없이 부끄럽다. 이런 내가 지긋지긋했다. 벗어나고 싶었다. 마음속으로 수없이 되뇌었다. '나에게도 장점이 많아. 잘하는 게 중요한 게 아니야. 열심히 하고 있으니 언젠가는 빛을 발할 거야.'

삶은 누구에게나 소중하고 아름답다. 예쁜 빛깔의 내 인생을 스스로 검은색으로 덮어버리고 있었던 건 아닐까라는 생각이 들었다. 분명 찬란한 순간들도 있었을 텐데, 감동하지 못하고 늘 절망하기만 했다. 내가 싫었다. 하루만이라도 다른 사람으로 살고 싶다는 생각마저 들었다. 의기소침해질 때마다 자신감 넘치는 친구를 보며 부러워했다. 그 친구가 되는 상상도 했다. 짧은 순간이었지만 황홀했다. 세상을 다 가진 듯했다.

자연 속에 서 있을 때는 겸허한 마음이 든다. 내 모든 걸 다 품어줄 듯하다. 푸릇한 잎사귀에 둘러싸이면 나의 존재까지 생생하게 살아나는 듯하다. 넉넉한 품에서 마음껏 여유를 부리며 시간을 보내고 싶어진다. 비 오는 날이면 더욱 숲에 가고 싶어진다. 쌓여있던 먼지가 씻겨 내려가고, 자연이 더욱 생기 넘치는 모습을 함께하고 싶어진다. 숲은 내 마음을 평온하게 해주기도 하고, 활력 넘치게 해

주기도 한다.

휘리의 그림책 《허락 없는 외출》의 표지를 보면 살아서 춤추는 자연을 만난다. 한순간 황홀감에 빠진다. 늘 상상하던 환상적인 자연의 모습이 여기 있었다. 뒷 면지에 쓰여 있는 에필로그가 마음에 든다. '어린 마음이 하는 여행'이라고 적혀있다. 작가는 말했다. 어디서 시작할지는 선택할 수 없어도, 어디로 갈지는 선택할 수 있다는 걸 배웠다고.

가야 할 길이 보이지 않았다. 당장 오늘부터 어떻게 살아야 할지 헤매고 있었다. 그림책 속 아이가 막상 문밖으로 나섰지만, 선뜻 발은 내딛지 못하고 가만히 서 있는 장면처럼 말이다. 다음 장으로 넘기고, 장면 장면을 한참 동안 바라보았다. 《허락 없는 외출》은 확신이 없는 삶, 흔들려도 괜찮다고 말해주며 독자가 조금씩 나아가길 바라는 그림책이었다.

내 인생은 지금 어떤 장면에 놓여 있는 걸까. 숲에서의 여행이라 생각하니 한 걸음씩 떼는 것에 용기가 생겼다.

《숲의 시간》은 작가가 숲에서 보낸 1년을 아름다운 그림과 따뜻한 글로 표현하고 있다. 1월, 2월, 3월… 1년 열두 달을 이토록 포근하게 표현할 수 있을까 싶다. 따스한 시선으로 그림책을 따라가면 12월 한겨울이다. 숲속의 친구들은 12월이 오면 함께 모여 음식을 만들어 먹고 춤추고 노래한다. 저무는 해, 새로운 해와 반갑게 인사를 한다. 그림책 속에는 지도가 나온다. '숲속 마을 지도'는 숲에서 함께 사는 동물들의 집을 알려준다. 지도를 보고 있으면 자연에서 동물 친구들이 함께하는 장면이 떠오른다. 숲의 시간은 아름답다. 수없이 반복되지만 똑같은 순간은 없다. 그래서 아름다운 걸까. 자연은 어떤 시간에서도 한숨을 쉬지 않는다. 나도 내 인생을 온기 가득한 시선으로 바라보고 싶어졌다. 《허락 없는 외출》에서 아이는 자연의 품이 좋아 문을 나서기는 했지만, 한 발자국도 내딛지 못했다. 하지만 이내 자신의 소중함을 알고 잘 살아갈 용기를 냈다. 나도 한숨을 멈추고, 자연의 품에 안겨 나의 온기를 느껴보기로 결심했다.

자연을 담은 그림책은 열두 달 내내 놓지 않고 펼쳐 봐야 한다. 그러면 나의 결심은 지도가 된다. 방황하며 헤매더라도 지도만 있다면 앞으로 잘 나아갈 수 있을 것이다. 그림책 속의 자연을 어루만지며 살아있음을 느끼고 싶다. 생동감 있는 하루를 만날 수 있다. 초록빛이 가득한 그림책은 삶을 격려하고 위로한다. 삶을 사랑으로 채워갈 수 있다.

자신의 삶을 소중하게 생각해야 한다. 끝도 없이 비교하는 사회에서 멈추는 시간이 필요하다. 머릿속을 가득 채웠던 부정적인 단어를 비워내기 위해 자연으로 들어간다. 울적했던 마음이 어느 순간 사라진다. 자연과 함께하는 순간에는 걱정이 사라진다. 감정에 휘둘릴 때 자연이 나오는 그림책을 펼친다. 마음속 분노와 슬픔이 가라앉는다. 나의 감정은 내 몫이다. 기분은 내가 결정한다. 오늘은 그림책과 함께 행복하기를 선택한다. 나의 감정, 나의 마음을 스스로 제어한다. 그림책을 놓지 않는 이유다.

비교하지 않는 삶. 오롯이 나를 생각하는 삶이 중요하다. 현란한 세상에서 고요하게 살아가는 것이 큰 의미를 지닌다. 우리를 망치는 것은 다른 사람들의 눈이다. 만약 나를 제외한 다른 사람이 모두 장님이라면, 나는 굳이 고래 등처럼 번쩍이는 가구도 원할 필요가 없을 것이라고 벤자민 프랭클린이 말했다. 행복한 삶을 살기 위해 나에게 집중해야 한다.

삶은 자기 자신을 찾는 여정이 아니라 자기 자신을 만드는 과정이라고 한다. 그림책으로 마음을 들여다보며 어설프더라도 나 자신을 만들어 나가야 한다. 긍정적인 생각으로 나를 채워간다면 무기력한 일상에서 벗어날 수 있을 것이다.

15
꼬꼬와 채송화

차은주

　아파트 단지 내, 잘 꾸며진 화단에서 채송화가 보이면 반갑기 그지없다. 어릴 적 우리 동네에는 봄부터 가을까지 골목 여기저기 붉은 꽃이 피었다. 내가 7살이 되던 3월, 유치원이 개원했다.
　엄마는 나를 유치원에 보내주었다. 유치원을 마치면 마당에서 친구와 소꿉놀이를 했다. 길가의 풀을 뜯어 돌멩이 위에 올려두고 납작한 돌로 찧어 반찬을 만들었다. 잎이 통통한 채송화가 주재료였다. 반찬도 되고 국도 된다. 채송화는 잎에서 진득한 진이 나와 찧는 재미가 좋았다. 흙에 물을 부으면 밥이 된다. 친구가 '냠냠 냠냠' 소리를 내며 맛있게 먹어줬다.
　아이들이 좋아했던 이영호 작가의 《봄》이라는 그림책이 있었다. 책 속 돌이와 순이가 신랑과 각시가 되어 소꿉놀이를 한다. 순이는 돌이를 기다리며 밥상을 차린다. 돌멩이를 받쳐 솥도 걸고, 밥그릇을 놓고 반찬으로는 멸치 두 마리와 풀을 올렸다. 멸치는 생선이고 풀은 미역 줄기란다. 밥상을 차리는 영이의 모습이 어린 내 모습과 똑 닮았다. 길가에 굴러다니는 나뭇가지를 젓가락으로 썼다. 밖에서 주운 플라스틱병은 수돗가에 물을 담으러 갈 때 썼다. 수돗가 옆 우물에는 아빠가 잡아다 둔 물고기가 살고 있었다. 고개를 내밀어 우물 안을 보면 그 깊이가 궁금했다. 물고기들이 하늘하늘 보이고, 물속은 까맣고 가끔 무섭기도 했다. 우물 속 귀신 이야기가 생각나면 얼른 뛰어서 마당으로 달려가곤 했다. 우리 아이들은 영이처럼 풀과 돌멩이로 소꿉놀이해 본 적이 없는데도 《봄》 그림책을 자주 읽어달라고 했다. 마지막 장면에서 영이는 엄마 닭에게 손바닥을 쪼이고, 돌이는 엄마 닭에게 통쾌하게 복수한다. 우리 아이들도 어떻게 복수할까 상상해 본다. 발로 찰 거라는 것부터 돌을 던질 거라는 무시무시한 대답도 나온다. 너덜너덜해진 오래된 그림책이지만, 그 시절 감성이 되살아나 볼 때마다 마음이 훈훈해졌다. 그러다 잊고 있었던 꼬꼬가 생각났다.

초등학교 교문 앞에서는 병아리를 자주 팔았다. '삐악삐악' 소리가 내 귓가를 울렸다. 병아리를 사는 아이를 부럽게 바라보았다. 하얀 비닐에 병아리를 담아줬다. 봉지를 흔들며 가는 아이들을 보면 뒤통수를 한 대 때려주고 싶었다. 병아리가 힘들 것 같아 애가 쓰였다. 그리고 제발 잘 키우라고 속으로 빌고 또 빌었다. 별걱정을 다

했다. 집에 돌아와 엄마의 퇴근 시간만 기다렸다.

"엄마, 나도 병아리 사면 안 돼?"

"안 돼. 추워서 얼마 못 살고 금방 죽어. 그리고 똥은 누가 치워?"

봄이 왔지만 아직은 꽤 쌀쌀한 날씨였다. 이불을 덮어주면 되는데 왜 안 된다고 하는지 엄마가 미웠다. 나는 잘 키울 자신이 있었다. 병아리 파는 곳만 보이면 달려가 서성거렸다. 한 마리, 두 마리 어느새 노란 상자 안 병아리들이 반이 비었다. 터덜터덜 집으로 돌아왔다. 어느 날 친구가 엄마가 못 키우게 한다며 나에게 병아리를 주었다. 과자 상자에 담긴 병아리가 귀여웠다. 나는 엄마한테 허락도 받지 않고 덥석 병아리를 안고 집으로 갔다. 가는 길에 병아리 모이도 백 원을 주고 샀다. 모이는 갈아놓은 깨처럼 생겼다. 부족하면 어쩌나 걱정을 하면서 조심히 현관문을 열었다. 엄마는 막상 보니 반대하지 않았다. 과자 상자 바닥에 못 입는 티셔츠를 찾아 깔아주었다. 물도 조금 넣어주었다. 그렇게 꼬꼬와의 파란만장한 동고동락이 시작되었다.

첫날밤부터가 문제였다.

"삐악삐악! 삐악삐악!"

창고 방에서 얼마나 우는지 불쌍해서 잠을 잘 수가 없었다. 한방에 식구가 같이 자던 시절이라 엄마에게 끌려가 잠을 자야 했다. 아침 일찍 눈을 뜨면 살아있는지 확인하고 모이를 주었다. 생각보다 똥을 많이 눠서 깔아줬던 옷을 버리고 신문을 넣어줬다. 하루가 다르게 커갔다. 작고 약해서 죽을 것 같았는데 흰색 깃털이 보이기 시작했다. 마음이 놓였다. 나는 꼬꼬라고 불렀다. 주인집 할아버지가 꼬꼬 집에 넣으라며 두껍고 노란 솜을 낫으로 잘라 주셨다. 꼬꼬는 건강하게 잘 자랐다. 방에 풀어두면 꼭 똥을 이불 위에 눠서 금세 잡아서 다시 상자에 넣곤 했다. 밥을 손바닥에 올려주면 잘 먹었다. 내가 꼭 엄마가 된 것 같았다. 밥을 입으로 준 적도 있었다. 살짝 입술에 올려놓으면 콕 집어먹었다. 아프지도 않았다. 지금 생각하면 기절할 일이다.

마당에 풀어 놓으면 밭에도 갔다가, 구석 창고에도 갔다가, 남의 집 부엌에도 들어갔다. 줄리 파슈 키스 작가의 《꾸다 드디어 알을 낳다》의 꾸다처럼 가는 두 다리로 흰 몸뚱이를 뒤뚱거리며 자유부인이 되어 뛰어다녔다. 우린 세 들어 사는 처지였지만, 꼬꼬를 키우기에는 좋은 환경이었다. 가끔 주인 할머니가 심어놓은 상추를 꼬꼬가 뜯어먹어 야단맞을 때도 있었다. 이런 일이 종종 일어났다. 학교를 마치고 집에 돌아오니 꼬꼬가 닭장에 갇혀 있었다.

"야야! 하도 배추랑 뜯어놔서 안 되겠다. 인제는 가둬놔야 한다."

결국 얼마 뒤 자유부인 꼬꼬는 주인집 할아버지 손에 하늘나라로 가게 되었다. 그날 얼마나 울었는지 모른다. 괜히 잘 키워서 미안했다. 아마도 복날 내 배 속으로 들어간 것 같다. 닭을 애지중지 키웠던 그때를 떠올리니 웃음도 나오고 새삼 내가 기특해진다. 사진 한 장 남겨 두지 못한 게 아쉽다면 아쉬울까.

그때는 다락방이 있었다. 동생을 피해 친구들과 숨기도 하고 수다도 떨었다. 가을이 되면 쌓아놓은 볏짚 더미 속에 들어가 친구들과 뒹굴며 놀았다. 여름이면 개울가를 다니며 풀을 뽑아 개구리를 잡았다. 개구리가 입을 벌려 풀을 물면 잽싸게 들어 올렸다. 징그럽지만 그때는 낚시꾼처럼 자존심 대결이었다. 봄이면 작은 소쿠리를 들고 삼삼오오 친구들과 논두렁 도랑에 들어가 미꾸라지를 잡았다. 물가 풀숲을 발로 뒤적이면 운이 좋은 날은 몇 마리씩 잡기도 했었다. 노랗고 길쭉한 미꾸라지를 잡으면 세상을 다 가진 듯 신기하고 뿌듯했다. 밤마다 마당 한가운데서 울어대는 고양이가 무서워 화장실 갈 때는 언니를 데리고 갔다. 더운 여름밤 강 다리 아래서 먹었던 수박은 꿀맛이었다. 다리 밑에는 순이도 있었고, 돌이도 있었다. 목욕탕집 느티나무가 새파란 줄기를 늘어뜨리면 우린 타잔이 되어 그네를 탔다. 신민재 작가의 《안녕 외톨이》라는 그림책은 그 느티나무를 생각나게 했다. 하늘에 별은 총총히 빛났고, 우리의 마음도 별처럼 반짝였다.

기억에 감정을 담으면 추억이 된단다. 내가 떠올린 기억에는 따뜻하고 정겨운 감정들이 묻어 있었다. 사람은 추억으로 산다더니 지금 나의 마음은 구름 위를 걷는 듯 포근하다. 아마도 꽤 오랫동안 깨어난 감성에 힘을 얻을 것 같다. 나의 첫 에세이를 쓰는 2022년은 꼬꼬를 만나고 채송화를 찧었던 그때만큼 특별한 기억으로 남을 것이다. 감성이, 추억이 나의 삶에 원동력이 되어 주고 있었음을 이제야 깨닫는다.

16
하고 싶은 거 하면서 살 거야

최서원

 어렸을 적 우리집은 벼농사를 지었다. 학교에서 돌아오면 논에 가서 아빠의 일을 도와야 했다. 우리집은 4남매이다. 언니, 오빠는 꾀를 부려 농사일에서 잘도 빠져나갔다. 그렇게 되면 엄마는 잔소리를 시작한다. 아빠가 화를 내기 전에 나는 알아서 논으로 나갔다. 어렸을 때부터 집안이 시끄러워지는 걸 너무나 싫어했던 나였다. 그래서 집안의 평화를 위해 먼저 나가서 돕곤 했다.
 그땐 농사일이 지긋지긋했다. '왜 하필 우리집은 벼농사를 짓는 거야?'라고 생각한 적도 있었다. 힘든 벼농사로 쌀의 소중함이 매일 강조되었다. 그래서 식사를 마친 후에 밥 한 톨을 남기면 혼나기도 했다.
 어릴 땐 그토록 지겹고, 벗어나고 싶었던 시골 생활이 성인이 되니 그립기 시작했다. 도시로 떠나 직장 생활을 하면서도 시골을 마냥 그리워했다. 시골에 대한 환상은 아니지만, 다시 시골로 돌아가 흙을 밟으며 살고 싶었다. 하지만 마음과는 다르게 대구, 서울, 부산… 도시에서만 살았다.

삼십 대 초반에 결혼을 하게 되었고, 결혼생활은 생각과는 달리 많이 힘들었다. 무엇보다 경제적으로 어려움을 겪었다. 하루하루 삶에 쫓기듯 살았기에 시골을 잊고 지냈다. 둘이서 맞벌이를 해도 언제나 돈은 부족했고, 돈에 쫓기다 보니 삶이 재미도 없었다.

이렇게 계속되는 고생이 싫었다. 정확히 말해 고생만 하는 것이 싫었다. 이러다가 하고 싶은 거 한번 해 보지도 못하고 인생이 끝날 것 같았다. 그래서 내린 결론은 '하고 싶은 걸 하면서 살자.'였다. 나도 내가 하고 싶은 것에 돈을 쓰면서 살고 싶었다. 나는 과감하게 다니던 회사를 그만두었다. 조금의 퇴직금이 나왔다. 그리고 그 돈으로 하고 싶은 일을 하기로 했다.

밤코 작가의 《모모모모모》라는 책을 보는 순간 어릴 적 추억에 빠져들었다. 《모모모모모》는 벼농사 이야기다. 단순한 그림체가 귀엽다. 그 귀여운 그림으로 벼농사를 제대로 표현하고 있었다. 책을 덮었을 땐 농사를 한바탕 지은 듯한 느낌마저 들었다. 그래서 책을 보는 내내 입가에 미소가 떠나질 않았다. 어릴 적 농사일을 돕던 기억이 새록새록 되새김질하듯이 떠올랐다. 힘들고 어려운 농사일이 귀여운 그림으로 포인트를 제대로 살려 표현하고 있었다. 밤코 작가는 100% 제대로 농사를 아는 사람임이 분명하다. 나는 다시 농사를 짓고 싶어졌다.

'삶의 원동력은 무엇일까? 첫째도 욕망, 둘째도 욕망, 셋째도 욕망'이라고 미국 시인 스탠리 쿠니츠가 말한 것처럼, 시골로 돌아가고 싶은 욕망은 항상 있었고, 그 이유 중 한 가지는 농사였다. 난 농사 짓는 걸 너무나 갈망하고 있었다. 주변에선 그 힘든 걸 왜 하려고 하냐면서 월급쟁이가 제일 편하다고들 했다.

남편의 친구 중 한 명이 충주에서 대를 이어 모종 농사를 짓고 있었다. 가끔 방문할 때마다 푸릇푸릇한 모종들이 가득한 비닐하우스를 가진 그분이 너무나 부러웠다. 또 남편 회사 거래처에서 모종을 잘 키우기만 하면 책임지고 팔아주겠다고 말했다. 그래서 나는 겁 없이 덜컥 모종 농사를 짓기로 했다. 경험도 없고 아는 것 하나 없었지만, 식물을 좋아한다는 이유로 잘 키울 수 있을 것 같았다.

우선 집과 가까운 곳에 비닐하우스를 살펴보며 임대할 곳을 찾기 시작했다. 비닐하우스가 많은 논밭의 농로에 '비닐하우스 임대 주실 분 전화 주세요. 010-000-0000'이라고 적은 A4용지를 전봇대마다 붙이기 시작했다. 분명 전화가 많이 올 것 같았다. 그리고 며칠 후 한 통의 전화를 받았다.

"비닐하우스 몇 동 필요해요?"

다짜고짜 본론부터 얘기하는 아저씨의 목소리였다. 난 떨리는 목소리로 두세 동이 필요하다고 얘기했다. 전봇대 7번으로 와서 전화하라는 얘기로 통화는 끝났다. 그렇게 얼떨결에 약속은 잡혔고, 전봇대마다 번호가 있다는 사실도 알게 되었다. 하우스는 쉽게 찾을 수 있었다. 오십 대로 보이는 젊은 농부 아저씨가 빈 하우스 몇 동을 보여주었다. 생각보다 허름한 모습에 놀라긴 했지만, 여기가 아니면 하우스를 못 구할 것 같았다. 나는 성급히 하우스 3동을 하겠다며 2년 계약을 했다.

엄마와 언니를 불러 하우스를 정비하기 시작했다. 묵혀 놓은 지 몇 년이 되었을까. 하우스의 풀들이 사람의 키만 했다. 낫으로 자른 뒤 뿌리를 뽑아내고, 수레에 실어 나르며 허리를 펼 시간도 없었다. 그렇게 한 달 동안 바닥을 정비했다. 낡은 비닐을 걷어내고 새 비닐을 덮어씌우니 조금 제 모습을 찾아가기 시작했다. 거금을 들여 농업용 전기도 설치했다. 퇴근한 남편의 도움으로 온도조절이 되는 미니 시설을 만들 수 있었다. 시설을 설치하는 게 만만치 않은 일이었다. 겨우내 열심히 온도조절을 해가며 모종을 키웠다. 주력상품은 고추 모종이었다. 4월 초 문제가 생겼다. 시장에 파는 모종들은 모두 파릇파릇하고 싱싱해 보였다. 하지만 나의 모종들은 하나같이 노란빛이 돌고 연약했다. 모종들을 팔지 못하고 모두 엎어야 했다. 결국엔 1년 만에 모종 농사를 접었다. 남은 기간 중 1년은 이런저런 각종 채소를 키우며 시간을 보냈다. 농사를 접은 지금 남은 건 빚뿐이지만, 그때 그 결정을 후회하지는 않는다. 난 참고 살았던 나의 갈증을 그곳에 모두 풀 수 있었고, 농사를 만만하게 봐서는 안된 다는 것을 몸소 배웠다. 그것도 아주 비싼 돈을 써가며.

그 힘들었던 2년 동안 집엔 채소들이 넘쳐났고, 주변에도 많이 나눠 주었다. 나에겐 텃밭 수준이 적당하다는 것도 알게 되었다. 비록 돈도 날리고 2년이라는 시간도 날아갔지만, 나는 돈이 생기면 땅을 꼭 살 것이다. 그리고 그곳에 비닐하우스를 지을 것이다. 또 각종 채소를 키우며 이웃들과 나눠 먹을 것이고, 그것으로 난 힐링을 할 것이다. 농사는 나에게 밥벌이가 아닌 힐링이었다. 그것을 그땐 몰랐었다.

내가 하고 싶은 걸 한다는 건 결과의 성패를 떠나 살아가는 목적을 찾는 것이다. 그리고 하고 싶다면 과감해질 필요가 있다고 생각한다. 상황, 형편을 생각하다 보면 내가 살고 싶은 대로 사는 게 아니라 상황에 떠밀려 살게 된다. 인생의 주객이 바뀐 상황이라고 생각한다. 끝으로 지금 실패가 두려워 망설이고 있는 분들에게 말하고 싶다.

'실패란 넘어지는 것이 아니라, 넘어진 자리에 머무는 것이다.'
-《프린세스, 라 브라바!》중에서

17
유월 보름에 핀 나무

김수민

나의 삶은 고양이를 키우기 전과 후로 나뉜다. 고양이 때문에 엄마와 제일 크게 싸워보기도 했다. 부모님은 동물을 싫어했다. 그래서 입양할 때 가족들에게 비밀로 했다. 하지만 두 달 만에 엄마가 내 반려동물의 정체를 알아차렸다. 내가 고양이의 귀여움을 참지 못하고 SNS 프로필에 고양이 사진을 잔뜩 올렸기 때문이다. 엄마가 식겁을 하고 전화를 했다. 드디어 올 것이 왔다. 당장 갖다버리라는 엄마의 뾰족한 말이 내 마음을 찔렀다. 수화기 너머로 아빠가 엄마 편이 되어 거들었다. 나는 "엄마는 아무것도 모르잖아!"라고 소리를 빽 지르며 전화를 끊었다. 몇 주 동안 서로의 안부를 묻지 않았다. 이대로 가다가는 큰일이 날 것 같았다. 내가 먼저 손을 내밀었다. 편지를 적어 우체통에 넣어놨다. 문자로 짧은 답장이 왔다.

우리는 화해했고 예전처럼 사이좋은 모녀로 돌아갔다. 사실 엄마는 내 삶에 입을 대지 않기로 한 것 같다. 내 딸이 왜 고양이를 키우는지 이해하고 싶지 않고, 그냥 인정만 한 느낌이었다. 아직도 엄마는 고양이들 이름도 모른다. 당연히 엄마와 고양이 얘기는 거의 나누지 않는다. 나는 엄마 집에 자주 들르지만, 엄마는 내 집에 한 번도 오지 않았다. 엄마한테 미안했다. 하지만 엄마와 내 생각은 별개라는 것을 깨닫고 정신적인 독립을 했다. 내가 비윤리적이거나 불법을 저지르지만 않는다면 사랑하는 것들과 원하는 삶을 살겠다는 신념이 생겼다. 엄마의 말은 꼭 듣는 착한 아이에서 벗어났다. 지킬 것이 생기니 용감해졌다. 나름대로 힘겹게 나의 고양이들을 지켰다. 2019년 6월 1일, 별생각 없이 방문했던 동물보호센터에서 내 검지를 덥석 잡은 꼬질꼬질 유월이. 고양이 카페에서 유리장 안에 갇혀 품종묘가 아니니까 싸게 데려가라던 보름이. '임시 보호하는 유기묘가 낳은 새끼'로 SNS 홍보 게시물에 올라 온 나무. 지금은 세 마리와 함께 아옹다옹 살고 있다.

인연이 닿아 고양이를 키우면서 나는 참 행복했다. 주고받는 익숙한 사랑보다 주기만 하는 낯선 사랑이 얼마나 행복한 것인지 알게 되었다. 새로 산 침대 매트리스에다 오줌을 싸고 도망간다. 하루만 청소기를 돌리지 않아도 털이 공중에서 뭉쳐서 날아다닌다. 비싸게 주고 산 사슴고기 캔을 안 먹는다. 그래도 사랑스러웠다. 덩달아 울어야 할 일도 많아졌다. 3살밖에 안 된 유월이가 치아 흡수성

병변으로 이빨을 7개나 뽑을 때는 마음이 너무 아팠다. 나의 무지함으로 치료를 더 일찍 해주지 못한 것이 후회되었다. 보름이의 오른쪽 발가락이 4개가 다 부러진 날은 어떻게 운전해서 병원에 도착했는지 모를 정도로 손이 벌벌 떨렸다. 보름이를 입원시키고 집으로 돌아오는 길, 철심까지 박는 수술이 다 내 탓인 것만 같아서 펑펑 울었다. 이렇게 사랑이 많아지니 자연스럽게 고양이의 시선에도 눈길을 주기 시작했다. 베란다 창틀에 새가 날아와 앉으면 함께 좋아했다. 고양이가 발에 차이지 않게 늘 내 발밑을 살폈다. 함께하는 일상이 소중했다. 나의 팔을 베고 자는 나무를 볼 때면 조건 없는 사랑을 깨달았다. 유월이가 배 위에 올라와 눈을 지그시 감고 있으면 그 순간이 멈췄으면 했다. 집에 돌아오면 사고 친 보름이의 뒷수습을 하느라 자연스레 이해심도 넓어졌다. 내 마음도 날이 갈수록 풍요로웠다. 자연스럽게 고양이와 관련된 것들을 모았다. 고양이가 그려진 물건을 샀다. 고양이가 주인공인 그림책은 그냥 지나치지 못하고 꼭 사서 모았다.

    나와 남편이 없으면 우리 고양이들은 뭘 하고 있을까. 이런 생각을 할 때면 잊고 있었던 동심도 몽글몽글 솟아오른다. 특히 고양이와 관련된 그림책을 발견하면 애정 어린 상상이 퐁퐁 피어난다. 남편과 동네 서점에 들를 때면 나는 꼭 바닥에 앉아 그림책을 구경했다. 한글 자음 순서대로 정리된 책 제목을 쭉 훑어보는데, 단숨에 《고양이의 하루》라는 그림책 제목이 눈에 띄었다.

"오빠, 고양이도 미용실 가서 수염 파마한대. 점쟁이 찾아가서 발바닥 펼쳐 주면 전생도 봐준대."

나는 귀여움에 발을 동동 굴렀다. 통통하고 작은 고양이들이 사람처럼 생활하고 있었다. 남편이 옆에 와서 같이 그림책을 빠르게 훑었다.

"고양이도 여름에 야옹야옹 빙수 가게 가서 팥빙수 먹는다. 이야! 겨울에는 온천도 가네. 팔자 좋다!"

"와! 얘네는 철판구이 식당에서 맥주도 마신다. 오토바이에 고양이 가족이 다섯 마리나 타고 있어!"

같이 낄낄대며 맞장구를 쳤다. 기묘한 고양이 세상이 그려진 그림책을 사 들고 집으로 왔다. 두 발을 가지런히 모으고 앉아있는 보름이 앞에다 그림책을 펼쳤다.

"보름아! 너도 세수하기 귀찮으면 여기 고양이 마사지사 찾아가. 가서 눈곱도 좀 떼. 숱 많은 고양이는 제모도 해준대. 너도 가서 털 좀 밀고 와. 온 사방이 네 털이야!"

나는 까르르 웃었다. 남편은 소파에 기대서 웃으며 절레절레 고개를 흔들었다.

제주도로 신혼여행을 가서 유명한 감성 책방에 들렀다. 《우주식당에서 만나》라는 작은 그림책을 골랐다. 빠르게 그림만 보고 넘기다가 2장 〈9차원의 세계〉라는 소제목에서 멈췄다. 이 책에서는 고양이들만 아는 한 뼘 크기의 구멍이 집 안에 있다고 했다. 거기로 들어가면 9차원의 세계로 들어갈 수 있다. 인간이 자기를 보지 않을 때나 낯선 사람이 올 때, 고양이는 자주 그 구멍으로 들어가서 신나게 놀았다. 초인종 소리만 들려도 꼭꼭 숨는 유월이가 생각났다. 유월이도 지금쯤 9차원의 세계에서 평화롭게 하프 연주를 듣고, 물고기를 보고 있을까. 신나게 놀고 우리집을 잘 찾아왔기를, 내가 없는 시간이 너무 외롭거나 심심하지 않기를 기도했다.

그림책 소모임을 같이 하는 친구에게 《고양이는 집 보는 중》이라는 책을 선물로 받았다. 포장지를 뜯자마자 돌고래 비명을 질렀다. 책 표지부터 우리 나무와 똑같이 생긴 통통한 고양이가 무척 크게 그려져 있었고, 똘망똘망한 눈으로 나를 쳐다봤다.

이 녀석은 기필코 참치를 잡겠다더니 금세 포기하고 참치 초밥을 사 먹었다. 서점에 들어가서 책은 읽지 않고 책 모서리에 입가만 긁었다. 너무 재밌고, 기발한 아이디어가 넘쳤다. 집에 와서 후다닥 세 번이나 읽었다. 첫 번째는 이야기 내용을 보고, 두 번째는 고양이를 보고, 세 번째는 배경을 봤다. 한 장 한 장 읽으며 나무를 붙잡고 말도 걸었다.

"나무야! 넌 우리 없을 때 뭐해? 너도 애처럼 야구 하면서 놀아? 영화도 보러 가? 애 좀 봐봐! 킥킥킥!"

"마아아아아아오오오오오옹!"

나무가 검은 눈동자를 확 넓히며 긴 울음으로 대답했다. 자신의 이중생활이 들켜서 화들짝 놀랐나 보다. 나무는 벌떡 일어나더니 곧장 캣휠로 달려갔다. 마치 자기를 보란 듯이 휠을 돌리며 나와 눈을 마주친다. 참 사랑스럽고 수다스러운 우리 집 막둥이다.

어릴 때는 이런 재미있는 생각을 많이 하며 혼자 피식피식 웃곤 했다. 요즈음은 나이가 들었다는 핑계로 마음속에 이런 상상이 들어올 공간을 마련하지 못했다. 하지만 사랑하는 고양이가 있으니 이들의 세계에 관심이 생겼다. 그리고 고양이의 세계가 그려진 그림책을 찾게 되었다. 고양이가 주인공인 그림책을 읽다가 문득 기척이 느껴지면 발아래를 내려다본다. 소리 없이 나를 올려다보는 고양이의 눈과 마주치고, 그 순간 가늠되지 않는 사랑의 깊이가 느껴진다. 혹여나 고양이에 관한 슬픈 이야기의 그림책을 볼 때면 코

끝이 찡해진다. 그럴 때마다 내가 고양이들과 진짜 가족이 되었다는 생각이 든다.

　지금도 발밑에서, 빨래 바구니에 끼어서, 화장실 매트에서 대자로 누워 자는 고양이들을 보면 마음이 흐뭇하다. 우리 집에는 나와 열심히 웃고 우는 '유월', '보름'에 핀 '나무'가 있다. 그들의 일상이 그려진 그림책들은 모르고 살 뻔했던 고양이의 세계로 나를 데려간다. 마음의 나무에 그림책 열매가 하나씩 맺힌다. 덕분에 우리집은 생명력이 넘친다.

18

윤슬

송진설

열정이 많았던 20대, 30대를 보내며 심심할 틈이 없었다. 꿈을 이루는 날을 생각하며 내달렸다. 희망이 보여 가슴 설레는 날도 있었고, 지친 마음에 좌절하는 날도 있었다. 포기한 날은 없었다. 남들보다 더디기는 해도 결승선을 향해 조금씩 나아가고 있었다. 난 만족했다. 한순간 원하는 걸 얻고 싶은 마음은 없었기에. 한 발짝씩 내딛는 걸음에 날마다 성장하면 되는 거라 여겼다. 하지만 이렇게 열심히 살아도 가만히 서 있고 싶은 날도 많았다.

어느 날, 내 맘을 아는지 잘 가던 손목시계가 또 멈췄다. 배터리를 교체한 지 얼마 지나지 않았다. 멍하니 시계를 바라보았다. 이럴 때면 시계가 나 같았다. 문득, 멈춰 있는 나의 시간을 발견했다. 언제나 혼신의 힘을 다해 잘 달리고 있는 줄 알았다. 멈춘 내 시계를 보니 이제껏 속절없는 세월만 보낸 것 같았다. 언제부터 시계가 가지 않았을까. 손목에서 제 할 일을 하고 있으리라 생각했다. 시침, 분침, 초침까지 부지런히 움직이고 있을 줄 알았다. 세상의 시계는 모두 돌아가는데 내 시계만 멈췄던 건 아닐까, 불안했다. 갑자기 가지 않는 시계가 원망스러웠다. 멈춘 시계가 성장하지 못하는 나의 시간이라는 생각이 드니 열심히 달려온 날도 보잘것없어 보였다.

이렇게 멈춤이 느껴질 때마다 창밖을 바라보았다. 눈이 부셨다. 운이 좋으면 윤슬도 볼 수 있었다. 그날도 베란다 너머로 보이는 형산강이 빛나고 있었다. 바람이 많은 날은 윤슬이 더 빛났다. 어쩜 저리도 예쁘게 반짝일까. 한참을 가만히 바라보았다.

"엄마, 뭐해요?"

딸이 나를 보며 말했다.

"윤슬 보고 있어."

시은이는 처음 듣는 예쁜 단어에 눈을 반짝였다. 나를 따라 강물을 바라보았다. 아이에게 윤슬에 대해 설명해 주었다.

"윤슬! 이름이 예뻐요. 반짝반짝 빛나는 진주 같아요."

한참 동안 나란히 앉아 끝없이 흐르고 있는 강물을 바라보았다.

"엄마, 밤에도 윤슬이 있을까요?"

딸과 함께 사전에서 찾아보았다. 윤슬은 빛이나 달빛에 비치어 반짝이는 잔물결이라고 나와 있었다. 사전의 뜻에 따르면, 낮에도 밤에도 윤슬을 볼 수 있다는 얘기다.

  딸아이는 윤슬이 좋다고 말했다. 힘껏 달리다가 쓰러진 시간에도 딸아이와 함께 윤슬을 볼 때면 턱밑까지 차오르는 숨이 멎어 들었다. 바람이 부는 날에 윤슬은 더 아름답게 빛나는 걸 보며 생각했다. 내 인생도 거센 바람이 불어 나아가지 못하는 힘든 순간이 있었다. 멈춰진 시계처럼 세상에 필요하지 않은 존재인 듯 느껴졌다.

  어떤 때는 그림책 한 권을 손에 쥐고 한참을 바라보고 있었던 적이 있었다. 표지를 본 순간 한눈에 반했다. 바다가 빛나고 있었다. 나의 멈춘 시간과는 달리 책 표지는 달려오는 파도가 그려져 생동감이 엄청났다. 부서지는 파도가 보석을 박아놓은 듯했다. 출판사 '오후의 소묘'에서 나온 그림책이다. 박혜미 작가의 《빛이 사라지기 전에》가 내 마음에 들어왔다. '햇빛을 고이 접어 집으로 돌아와, 반짝거리던 당신을 조금이라도 놓칠까 봐 서둘러 붓을 들었다.'는 에필로그도 눈길이 갔다. 노란 보드를 타고 있는 한 사람이 있다. 부서지는 빛과 파도, 그 사이를 통과한다. 용기를 내어 파도에 올라탄다. 그림책에 가득 펼쳐진 바다와 파도가 역동적으로 보인다. 그림책 속 주인공은 지레 겁먹으며 나아가지 못한다. 작가는 말한다. 누구나 자기만의 파도를 타며 살아간다고. 파도에 휩쓸리기라도 하면 금세 넘어지고 헤매게 된다고 말이다. 그럴 때 용기 내길 바라는 마음에서 나오게 된 그림책이다.

갑자기 큰 파도를 타려는 서퍼들을 본 기억이 떠올랐다. 그들은 파도를 뚫고 나아가려고 수도 없이 넘어졌다. 높은 파도가 와도 두려움을 이겨내고 나아갔다. 파도에 올라타는 이도 있고, 그렇지 않은 이도 있었다. 하지만 모두가 다시 일어서며 용기를 냈다. 바람이 부는 날도 끄떡없었다. 오히려 바람은 서퍼들이 파도를 탈 수 있도록 도와주는 매개체였다. 나는 바람을 좋아하지 않았다. 불편한 존재로 여겨졌다. 어떨 때는 바람이 없었으면 좋겠다고 생각하기도 했다. 길을 걷다 바람이 불면, 눈이 갑자기 따끔거렸다. 무언가가 들어간 것 같아서 눈을 여러 번 끔벅거렸다. 억지로 눈물을 흘려보내려 애썼다. 좀처럼 나아지지 않았다. 나는 나에게 불편함을 주는 바람을 싫어하지만, 서퍼들은 그 바람을 즐겼다. 멈춤의 시간 속에 발견한 《빛이 사라지기 전에》는 나에게 큰 울림을 주었다.

고요한 물결에서보다 바람을 타고 일렁이는 물결에서 윤슬이 더욱 빛난다. 잔잔하게 흐를 때보다 바람과 함께일 때, 윤슬은 햇살에 부서져 더 격하게 빛을 낸다. 서퍼들도 잔잔한 바다보다 바람이 파도를 일으켜주는 날을 좋아한다. 먼 바다를 향해 보드에 앉아 파도를 보고 있으면, 수평이던 바다가 움찔하는 모습이 보인다. 그 움찔함은 바람으로부터 시작된다. 바람의 움직임에 따라 파도가 다가오는 모습이 느껴지면, 보드를 해변으로 돌린다. 그리고 파도가 보드 뒤쪽을 들어 올리는 느낌이 들면, 힘차게 일어나서 해변을 보고 바다를 탄다.

인생도 마찬가지다. 고요한 인생에서도 아름다운 가치를 찾을 수 있겠지만, 바람 부는 날에도 고난을 극복하며 깨달음을 얻을 수 있다. 멈춰 있다는 생각이 들면 큰 좌절이 찾아온다. 거기에 바람까지 불면 마음이 더 아리다. 절망의 파도가 나의 보드를 들썩일 때 가만히 앉아있기만 하면 같이 휩쓸려버리고 만다. 인생에서 균형을 잡고 살아가려면 서퍼들처럼 벌떡 일어나서 시련이 아닌 반대쪽을 똑바로 바라보고 나아가야 한다. 파도와 마주하는 순간 겁먹지 않고 올라타야 한다. 뚫고 지나가는 순간 우리는 희열을 느낄 것이다. 바람 부는 것을 두려워하지 말자. 강물이 출렁이는 걸 만끽하자. 내 인생이 윤슬처럼 더 아름다워질 순간이다. 커다란 파도와 맞서는 용감한 자만이 짜릿한 찰나의 순간을 즐길 수 있다. 파도와 마주할 용기만 있으면 된다.

멈췄던 시간은 결코 의미 없는 시간이 아니었다. 사정없이 불어오는 시련 속에서 딸과 윤슬도 보았고, 좌절의 파도를 이겨내는 법도 배웠다. 뜻밖의 시련은 누구에게나 찾아온다. 그 시련이 강물에 비치는 윤슬이 될지, 파도처럼 거세게 부서질 듯 몰아칠지 아무도 모른다. 처음에는 멈춘 것이 불안하고 졌다는 생각이 들 수도 있다. 하지만 이 시간은 시련을 이겨내기 위해 미처 알지 못했던 잠재력을 발휘할 기회다. 부딪쳐 보자. 더욱 강해지는 자신을 만나게 될 것이다.

시련은 당신이 결코 알지 못했던 자신에 대해 발견하도록 해 준다는 말이 있다. 시련을 잘 극복하며 더욱 성장할 수 있다. 고난은 고난을 이겨낼 힘도 함께 주어진다는 말이 있다. 멈춰 있는 고난을 얻었지만, 바람을 무서워할 필요가 없다는 깨달음을 함께 얻었다.

19
비 오는 날

차은주

우르르 쾅! 비가 폭포수처럼 쏟아졌다. 연거푸 치는 천둥과 번개가 나서려는 발걸음을 멈칫하게 했다. 지은 죄가 있나 싶게 번개가 무서웠다. "괜히 나갔다가 벼락 맞는 거 아냐?"하고 실실 웃으며 혼잣말을 했다. 조금 일찍 학원으로 향했다. 차 유리에 굵은 빗방울이 눈물처럼 흘러내렸다. 툭! 툭툭! 거세게 차를 두드렸다. 가늘게 내리는 빗소리보다는 콩이 쏟아지듯 시끄러운 빗소리가 내 마음 어딘가 붙어있을 상처 딱지를 떼 주는 것 같아 시원했다. 오남리 유코 작가의 《비 오니까 참 좋다》에서 아이는 비가 오는 소리를 '토다 다 다 투다다닥 또로 롱 또로 롱' 등 다양하고 재밌게 표현했다. 아이는 빗속을 뛰어다니다가 두 팔에 힘을 주고 가만 멈추어 비를 맞았다. 온몸에 힘이 들어간 모습이 인상적인 그림책이었다. 오늘 같은 날은 5분 거리의 학원이 좀 멀었으면 하는 아쉬움이 느껴졌다.

주차한 뒤 우산을 쓰고 학원으로 향했다. 비가 오니 우산꽂이를 학원 입구에 잘 둬야겠다. 아이들의 우산은 하나같이 튼튼하고 예쁘다. 우산은 아이들의 얼굴 같다. 생긴 모습도 다 다르다. 오늘은 윤동재 시인의 《영이의 비닐우산》을 읽어줘야겠다.

윤동재 시인의 《영이의 비닐우산》 그림책을 알게 된 건 독서 모임 덕분이었다.

"이건 비 오는 날 읽어야 하는데."

책을 소개하는 선생님은 아쉬워하며 《영이의 비닐우산》을 읽어주셨다. 표지의 초록 우산에 묘하게 눈이 갔다. 윤동재 시인의 실제 경험 이야기라고 했다. 책 속 영이는 비 오는 월요일 아침, 학교 가는 길에 담벼락에 기대어 있는 거지 할아버지를 보게 된다. 우산도 없이 거적때기 하나 걸쳤다. 앞에 놓여 있는 깡통에서는 빗물이 넘치고 있었다. 힘없이 눈만 지그시 감고 있는 할아버지의 얼굴이 슬퍼 보였다. 문방구 아주머니는 악담을 늘어놓는다.

"미친 영감태기 아침부터 재수 없게 우리 담벼락에 기대어 늘어졌노."

"영감태기, 영감태기 뒈지지도 않고."

영이는 그런 할아버지에게 자신의 구멍 난 우산을 씌워드렸다. 비가 그치고 하굣길 담벼락엔 영이의 우산만 꼿꼿하게 세워져 있었다. 마지막 페이지가 넘어가자 마음이 아렸다. 그림책 속 배경은 어린 시절 우리 동네 골목 같았고 담벼락에는 매일 인사하던 옆집 할아버지가 앉아 계신 것 같아 눈시울이 붉어졌다. 그 시절 깡통과 거적때기는 흔했지만 고달픔의 흔적이기도 하다. 아마도 영이의 우산이 그 고달픔을 조금은 위로해 주었을 것이다. 이철환 작가의 《송이의 노란 우산》에서도 할아버지와 송이라는 아이가 주인공으로 나온다. 시장에서 채소가게를 하는 채소 할아버지는 할머니가 돌아가신 후 비만 오면 흠뻑 비를 맞았다. 모든 것을 포기한 사람처럼 누워서 종일 비를 맞았다. 송이는 그런 할아버지의 얼굴에 우산을 씌워주었다. 송이의 우산은 할아버지에게 고독을 이겨내는 약이었고 다시 살아갈 이유였고 차디찬 빗방울을 막아주는 사랑이었다.

학창시절, 우리집은 비가 오는 날이면 우산 전쟁이 시작된다. 멀쩡한 우산이 부족했기 때문이다. 등교 준비를 마치고 먼저 나가는 사람이 그나마 색깔이 있고 멀쩡한 우산을 차지했다. 세 자매 중 가장 늦는 건 나였다. 머리가 길어 씻고 말리는 데 시간이 오래 걸렸다. 가끔 동생이 내가 신발 신는 사이, 먼저 낚아채 간 적도 있다. 4층 빌라가 쩌렁쩌렁 울리도록 우산 내놓으라고 소리를 질러보지만, 우산은 이미 동생 차지였다. 임정자 작가의 《내 동생 싸게 팔아요》의 제목처럼 동생을 팔고 싶은 심정이 굴뚝같았다. 꼴찌가 되면 잔뜩 녹이 슨 우산을 쓰고 가야 했다. 이 우산은 접을 때가 문제였다. 녹이 심해 잘 접히지 않았고, 접다가 손가락 살도 많이 끼었다. 엄마는 항상 마지막에 남아 있는 살이 빠지고 천이 닳아서 구멍이 송송 난 우산을 쓰고 다녔다. 바쁘게 공장으로 향하는 엄마는 우산을 부끄러워한 적이 없었다. 아니 그럴 마음의 여유가 없어 보였다. 그러나 나는 몹시 부끄러웠다. 비 오는 날이 싫은 이유는 신발 때문이기도 했다. 학교에 도착해 신발을 벗으면 양말이 흙색으로 물들어 발가락이 축축했다. 신발의 어딘가가 벌어졌나 보다. 찝찝하지만 종일 그렇게 있어야 했다. 체육 수업이 있는 날이면 운동화를 갈아 신어야 하는데 누런 양말이 보일까 봐 신경이 쓰였다. 누가 물어보면 "빗물에 젖었어!"라고 하면 될 것을 숨기려 애썼다. 발가락을 접어 최대한 젖은 부분을 발바닥으로 밀어 넣고 걸었다. 발에 쥐가 날 듯 저려도 꾹 참고 걸었다.

고등학교 2학년 여름, 아침부터 엄마랑 말다툼을 했다.

"엄마, 나 미술 준비물 사야 해. 포스터물감이랑 붓도 사야 해서 만 원은 있어야 할 것 같은데."

"돈이 필요하면 미리 말했어야지! 이 아침에 어디서 만 원을 구해?"

엄마의 말에 화가 나서 방문을 닫고 들어갔다. 예전 마당 있는 집에 살 때 엄마는 소금 단지 속에 돈을 신문에 둘둘 말아 숨겨뒀었다. 나는 여러 번 엄마가 돈을 넣거나 빼는 모습을 본 적이 있다. 그런데 매번 돈 얘기만 하면 없다고 하니 화가 났다. 그 소금 단지는 지금도 베란다에 버젓이 있기 때문이다. 나는 대충 교복을 챙겨 입고 밥도 안 먹고 나와 버렸다.

엄마가 뒤통수에 대고 뭐라고 했지만 들리지 않았다. 엄마는 왜 항상 돈이 없다고 하는지 이해할 수가 없었다. 답답한 여름 공기와 높은 습도에 짜증이 났다. 눈물이 뺨 위로 흘렀다. 이른 시간이라 아이들이 거의 없었지만, 부은 눈이 될까 봐 꾹꾹 울음을 삼켰다. 아마 그때 크리스텔 발라가 지은 《요술쟁이 젤리 할머니》의 젤리 할머니가 있었으면 좋았을 것이다. 내 마음을 툭 터놓고 얘기를 해본 적이 있었던가. 젤리 할머니가 있었다면, 내 고민도 씨앗으로 만들어 저 멀리 하늘로 날려 주었을 것이다. 그런데 하늘이 심상치 않았다. 학교 건물이 멀리 보일 때쯤 갑자기 빗방울이 떨어지기 시작했다. 큰일 났다 싶은 생각에 힘껏 뛰기 시작했다. 무거운 가방이 들썩들썩 내 엉덩이를 쿵쿵 때렸다. 이제 운동장만 가로지르면 되는데 굵은 장대비가 내리기 시작했다. 운동장의 비 맞은 흙들이 내 종아리에 다시 꽂혔다. 따끔따끔했다. 엄마와 싸워 서러운데 우산은 없고, 엉덩이와 종아리는 매 맞고, 교복은 젖었다. 얼굴에 흐르는 것이 빗물인지 눈물인지 알 수가 없었다. 그날 엄마는 내 뒤통수에 대고 오늘부터 장마니깐 우산 가져가라고 했단다. 엄마 말 안 들어 비에 혼쭐이 난 날이었다.

이제는 비 오는 날이 좋다. 비가 내리면 창가를 바라보며 긴장했던 일상을 잠시 내려놓고 얽혀있던 마음의 소리에 귀 기울인다. 하나하나 손끝으로 매듭을 풀어 보는 시간이다. 따뜻한 커피 한 잔이 더해지면 내가 있는 곳이 지상낙원이 된다. 비의 감촉이 느껴진다. 어릴 적 친구들과 비를 맞으며 걸었던 골목, 놀이터, 녹이 슨 우산, 젖은 양말을 생각하니 피식 웃음이 난다.

"나, 참 순수하고 어렸네."

영이의 구멍 난 비닐우산과 나의 녹슨 우산에 스며있는 기억에 더는 안쓰러워하지 않는다. 나도, 영이도 어른이 되어가는 성장통임을 알기 때문이다.

20
생각을 바꾸면 모든 것이 바뀐다

최서원

엄마는 고혈압이다. 고혈압약을 먹은 지 몇 년이 됐는지는 기억이 나지 않는다. 아마도 10년은 훨씬 더 넘은 것 같다. 하지만 엄마는 약에만 의존하고 그 어떤 노력을 하지 않는다. 그런 엄마를 볼 때마다 화가 나서 잔소리를 늘어놓았다. 고혈압은 대부분 잘못된 식습관이나 음주, 흡연, 스트레스가 원인이다. 엄마는 음주나 흡연을 하지 않는다. 그렇다면 식습관과 스트레스를 해결해야 한다. 탄수화물 과다 섭취와 고지방 식습관으로 젊은 층의 고혈압이 증가한다고 한다. 혈압을 높이는 음식들은 나트륨 함량이 높거나 트랜스지방이 과다한 음식들이다. 엄마는 이 모든 걸 좋아한다. 그래서 나는 밥은 줄이고 채소를 많이 먹고 운동을 하라고 몇 번이고 반복해서 말한다. 그럴 때마다 엄마는 듣는 둥 마는 둥 시큰둥하다. 고혈압에 좋다는 식품을 알게 되면 얼른 엄마 집으로 택배를 보낸다. 저번엔 비트즙을 한참 동안 먹기도 했다. 하지만 나의 바람과는 상관없이 고혈압 수치가 내려오지 않는다.

"이런 거 그만 보내."

택배를 받을 때마다 엄마가 하는 말이다. 딸의 마음을 너무 몰라 준다. 하지만 엄마에게는 걱정 어린 잔소리보다 따뜻한 말 한마디가 더 필요하다는 것을 모르고 있었다. 엄마는 외로움을 참 많이 타는 사람이다. 집에 혼자 있는 걸 많이 답답해한다. 아빠가 살아계실 땐 함께 드라이브를 많이 다녔다. 청송, 합천, 영덕, 경주… 포항 주변 구석구석 다녔다. 아빠가 안 계신 지금으로선 강제 은둔 생활을 한다. 가끔 엄마와 드라이브를 하지만 그것만으로는 엄마의 공허한 마음을 채워줄 수는 없었다. 그래서 나는 엄마의 정서적 홀로서기를 애타게 기다리고 있다.

엄마와 한 달에 한 번 병원에 다닌다. 그때마다 봉투를 가득 채운 혈압약을 보면 한숨이 나온다. 기운 빠진 나의 모습을 보면서 엄마는 말한다.

"나이를 먹고 자식에게 짐이 되면 안 되는데… 많이 아프기 전에 죽어야 하는데…"

엄마의 말에 당황스러워 나는 아무런 말도 하지 못했다.

릴리아 작가의 《파랑 오리》라는 책이 있다. 이 책은 파랑 오리가 엄마 잃은 어린 악어를 보살펴 주게 되고, 세월이 흘러 치매가 찾아온 파랑 오리를 악어가 돌봐 주는 이야기다. 이 책을 보면 치매에 걸려 3년을 고생하다 돌아가신 외할머니 생각이 난다. 엄마는 자신도 외할머니를 닮아 치매에 걸릴 것 같다고 늘 걱정을 한다. 그럴일 없다며 위로해 보지만 소용이 없다. 하지만 나이를 먹으면서 점점 정신없는 행동을 하는 엄마를 보면 내심 불안한 마음이 들기도 한다. 이젠 나도 자식을 키우는 엄마로서 자주 찾아뵙지 못해 미안한 마음이 더욱더 커진다.

병원을 핑계로 주기적으로 만나 업무를 마치고 드라이브를 한다. 그리고 맛있는 것을 찾아 여기저기 다닌다. 운전이 능숙하지 못해 멀리까지 나가지는 못한다. 하지만 최대한 아는 곳을 여기저기 다녀준다. 이것이 딸로서 한 달에 한 번 할 수 있는 최대한의 효도이다. 의무감을 가지고 하는 행위 중 하나이기도 하다. 하지만 의무라고 생각해서인지 힘든 날이 많았다. 차 안에서는 엄마의 했던 얘기를 듣고 또 듣고, 같은 얘기를 매번 듣는다. 그래서 엄마 얘기를 경청하지 않는다. 건성건성 듣고 있는 나를 발견하면 나는 또 기분이 가라앉는다. 집으로 돌아오는 나의 발걸음이 무겁다. 지금 생각하면 참 어리석었다.

생각을 바꿔 함께할 수 있는 날을 즐겨보기로 했다. 아픈 걸 떠나서 함께 여행을 많이 다니고, 돈을 떠나서 맛있는 것을 많이 먹으려 노력했다. 복잡한 생각을 하지 않고, 그때그때 햇살과 바람과 계절을 만끽하기로 했다. 생각을 바꾸고 나니 마음이 한결 가벼워졌다.

그리고 즐겁게 운전하며 콧노래를 부르는 나를 발견할 수 있었다.

비 오는 날 엄마와 함께 경주시장에 가서 한식 뷔페를 먹었다. 깨끗하게 변한 시장을 보고 엄마는 너무나 좋아했다. 기뻐하는 엄마를 보니 그동안 가자고 해도 미뤘던 나 자신이 부끄러워졌다.

"비가 와서 운전하기 힘들지?"

"이런 날이 드라이브하기 더 좋아요"

엄마의 마음의 짐을 조금 덜어주고 싶었다. 빗소리와 잘 어울리는 노래를 들으며 드라이브하던 그날의 마음을 잘 기억하자! 생각을 바꾸니 너무나 즐거웠던 그날을.

"바쁘나?"

엄마는 전화를 해서 묻는다. 병원에 갈 때가 됐다는 뜻이다. 하지만 처음에는 그 뜻을 알아듣지 못했다. 이것저것 할 일이 많다며 투덜거렸다. 엄마는 하고 싶은 말을 빙빙 돌려서 한다. '벌써 한 달이 지났나?' 뒤늦게 엄마의 목적을 파악했다. 재빠르게 한가한 요일을 잡아 엄마에게 말했다.

"우리는 매일 수염을 깎아야 하듯 그 마음도 매일 다듬지 않으면 안된다. 마찬가지로 어제의 좋은 뜻은 매일 마음속에 새기며 되씹어야 한다."라고 루텔이 말했다.

나는 오늘도 반성을 되씹으며, 고혈압에 좋은 식품을 검색한다. 그리고 또 택배를 보낸다.

제4장

작은 이야기, 삶의 지혜를 배우다

21
너희들에게 배운다

김수민

　흔히 교사가 저자인 책에서는 아이들과 행복하게 교직 생활을 하는 모습이 자주 나온다. 힘든 아이가 있어도 결국 문제가 해결되고, 아이들에게도 배울 것이 있다고 아름답게 마무리된다. 물론 나도 첫 교직 생활 때는 아이들의 예쁜 말과 행동 하나하나에 의미를 두었다. 하지만 연차가 쌓일수록 하루하루 버티기 바빴다. "오늘은 아무도 안 싸우게 해주세요.", "똑같은 말 20번씩 안 하게 해주세요." 등 평범한 하루가 되길 바랐다. 아이들에게서 의미를 찾을 겨를이 없었다. 교과서만 열심히 가르쳤다. 옆 반과 시험 점수의 평균을 맞추는 일이 중요했다. 아이들의 얘기를 들을 시간이 없었다. 반드시 해야 할 말이라고 합리화하며 잔소리만 했다. 말을 많이 하니 오후 시간이 되면 헛구역질이 났다. 잘못 흘러가고 있다는 것이 온몸으로 느껴졌다. 가르쳐야 할 아이들뿐인데 도대체 어떻게 아이들에게 배운다는 것일까?

이 생각이 조금 바뀌게 된 계기는 학교에서 '그림책을 읽어주면서'부터다. 함께 읽고 난 뒤 목이 아파서 잠깐 침묵했다. 그러자 아이들이 10분 동안 자기 생각을 자유롭게 펼쳤다. 가치를 직접 가르치지 않고 그림책을 읽으니 아이들끼리 스스로 깨우쳤다. 그 후로 그림책을 함께 읽고 나면 최선을 다해서 내 입을 닫았다. 아이들의 말을 들어 주고, 내가 전하고 싶은 가치를 짧게 얘기했다. 아이들이 바뀐 것이 아니다. 그저 내가 침묵하는 시간을 늘렸을 뿐이다.

그러자 '이 아이가 이런 생각을?' 하며 놀라는 순간이 늘어났다. 그래서 선을 넘지 않는다면 자유롭게 얘기하도록 두려고 노력했다. 당연히 그림책을 보며 필터 없이 막 내뱉는 아이들의 모습에 화가 나기도 했다. 하지만 내가 전달하고 싶은 가치를 잘 이해하는 아이들을 볼 때 감동했던 적도 있었다. 변화한 내 모습이 기특했다. 하지만 이 또한 착각이었다.

《파닥파닥 해바라기》를 읽을 때였다. 5월이 되자 비슷한 갈등이 반복되어 아이들끼리 예민해졌다. 잔소리도 안 통하고 혼을 내도 똑같았다. 서로 힘들어해서 이 그림책을 같이 읽었다. 읽을 때는 파닥파닥하는 해바라기가 귀엽다고 난리였다. 내가 할 말이 많으니까 일단 실컷 떠들도록 내버려 두었다. 그리고 그림책을 덮자마자 잔소리를 시작했다. 키 큰 해바라기들처럼 배려 좀 해라. 친구들의 곤란함에 관심을 가지자. 선생님 혼자 떠드는 완벽한 연설이었다.

2학년이 알아들을 수 없는 말을 10분 동안 쉬지 않고 했다. 쉬는 시간 종이 치자 아이들이 우르르 화장실로 도망갔다. 답답한 마음을 담아 학급문고에 그림책을 소리 나게 팍 꽂았다. 그런데 시간이 지날수록 한 여자아이가 나의 시선을 끌었다. 아침마다 이 책을 가져와 읽고 또 읽는 모습이 자주 눈에 띄었다.

2주가 지났다. 무엇인가를 결심한 듯 사물함에서 독서 기록장을 가져왔다. 열심히 눈을 굴리며 손을 바쁘게 움직였다. 그리고 점심

시간에 은근슬쩍 나에게 독서 기록장을 내밀었다. 아이는 하늘을 날기 위해 눈물이 날 정도로 파닥파닥하는 작은 해바라기를 그렸다. 그림을 그린 이유를 읽어봤다. 멍해졌다. 그 아이를 한번 쳐다보았다.

"이 장면을 그린 이유는 아무리 힘들고 하기 싫어도 해바라기가 노력하는 걸 보고 힘들어도 나도 해봐야겠다는 생각이 들어서이다."

배려나 더불어 살아가기를 침이 튀도록 얘기했던 내가 부끄러웠다. 아이에게는 내가 전하고 싶은 흔한 지혜보다 더 깊은 자신의 세계가 자리 잡고 있었다. 이미 배려나 더불어 살아가는 방법도 깨우쳤을 수도 있다. 1~2번 읽고 책장에 꽂아뒀던 우리집의 수많은 그림책이 떠올랐다. 집에 가서 이 아이처럼 묵혀 뒀던 그림책들을 꺼내어 읽고 또 읽어봐야겠다는 생각이 들었다. 어쩌면 나도 더 큰 세계를 발견할 수도 있겠다는 마음에 심장이 두근두근했다.

《슈퍼거북》을 읽을 때도 비슷한 일을 겪었다. 아이들의 몰입이 대단해서 20분 동안 읽었다. 내용에 대해서 10분이나 얘기를 나누었다. 나는 아이들의 일과가 너무 힘들다고 생각했다. 수업 시간, 오후 시간, 저녁 시간이 빈틈없이 끈적하게 맞물려 하루가 돌아간다. 그래서 이 책을 통해 '쉼'을 알려주고 싶었다. 이 그림책은 우리가 알고 있는 토끼와 거북이의 이야기에서 시작한다. 경주에서 이긴 거북이 꾸물이가 남들에게 등 떠밀려서 토끼와 다시 경주했다. 꾸물이는 열심히 훈련했지만, 모두의 예상대로 경기에서 졌다. 하지만 마지막 장에서 경기에 져도 자신이 하고 싶은 일을 행복하게 하고 사는 꾸물이의 모습이 나왔다. 아이들이 속이 시원하다고 말했다. 왜 그런 느낌이 드는지 물어봤다.

"맨날 자기가 하기 싫은 훈련만 하느라고 잠도 못 잤잖아요. 저는 그렇게 못 살아요."

"악몽까지 꾸면서 그런 경기를 왜 해요. 다크서클이 턱까지 내려와서 얼굴 새까매지는 거 아니에요?"

"경기하라고 등 떠미는 애들이 더 나빠요. 저기 너구리는 꾸물이 안티팬인가 봐요. 쟤는 왜 저래요?"

분하고 억울한 마음이 서슴없이 튀어나왔다. 그래도 마지막은 편안하고 좋은 기분이라고 모두가 입을 모아 쫑알거렸다. 내가 하고 싶은 얘기가 잘 전달된 것 같아 기분이 좋았다. 마지막으로 꾸물이에게 하고 싶은 말을 색종이에 적었다. 그리고 종이비행기로 접어서 날려보는 활동을 했다. 바닥에 떨어진 친구의 종이비행기를 골라서 서로 읽어주었다. '꾸물아, 힘내!', '꾸물아, 행복해.' 등 짧은 글귀가 적혀있었다. 자신의 종이비행기가 뽑힌 아이들은 무척 신나고 좋아했다. 아이들이 모두 가고 나서 나는 한 개씩 펼쳐 보았다. 그런데 첫 종이비행기부터 뜻밖의 내용이 나왔다.

"꾸물아, 그냥 거북이처럼 살아도 돼. 너는 거북이로 태어났으니까 원래 느려도 돼."

2학년이 적은 것이 맞나 싶어서 이름을 살펴보니 우리 반 아이가 맞다.

"꾸물아, 넌 지금은 느리지만 넌 아주 특별한 거북이야. 넌 다른 거북이보다 훨씬 훌륭해. 넌 지금 원래 모습도 멋있는걸. 넌 정말로 훌륭해."

맞춤법이 한 문장에 대여섯 개가 틀렸지만 하나도 거슬리지 않았다.

"꾸물아, 토끼가 자꾸 경주하자고 해서 엄청나게 화났을 거야. 나도 너 마음 알지만, 토끼가 하자고 하면 그냥 도망쳐. 그래도 토끼가 전속력으로 달려오면 하기 싫다고 너 마음을 전해."

종이비행기 안에 그 어떤 자기계발서보다도 굵고 짧은 메시지가 쓰여 있었다. 피하지 말고 극복하라는 말이 넘쳐나는 세상에서 도망쳐도 된다고 말해주다니. 이런 말은 유명한 작가나 할 수 있는 말인 줄 알았다. 이 종이비행기를 날린 우리 반 똑똑이는 어떤 마음이었을까.

"꾸물이야, 경기에 져서 슬프니? 다음에 너를 떠밀게 하는 사람이 있으면 집어치워 버려."

손에 힘이 하나도 없어 글씨가 날아다니는 녀석이다. 평소 이 아이에게 잔소리를 많이 했다. 자기한테 거는 주문일지도 모르겠다. 어른인 나는 그동안 나를 떠미는 사람을 치워버리지 못했다. 하지만 이 아이에게는 그럴 수 있는 마음의 힘이 있으니 다행이었다.

더는 함께 읽는 그림책으로 내가 원하는 가치만 가르치려고 하면 안 되겠다는 생각이 들었다. 똑같은 그림책을 읽어도 그 안에서 배우는 내용이 천차만별이었다. 그림책이라는 울타리에 아이들을 데려왔으면, 기둥에 묶어놓지 말고 더 풀어놔야 했다. 그날부터 그림책을 읽고 난 뒤 주제를 얼른 말하지 않고, 먼저 아이들의 말을 들었다. 그리고 그림책과 관련된 나의 고민이 있을 때마다 아이들에게 물어봤다.

"얘들아, 아까 그림책에 나오는 강아지 봤지? 선생님 고양이도 발가락이 4개나 부러졌어. 수술하고 병원에 입원해서 선생님 너무 슬프다? 어떡하지?"

"일단 우리랑 공부하고 그다음에 선생님 좋아하는 거 하면서 고양이 사진 계속 보세요."

"아니야, 고양이만 생각하면 자꾸 슬프잖아. 선생님이 좋아하는 초밥 백 만개 먹어요."

"야야야! 이건 신이 주신 기회야. 선생님, 우리 공부하지 말아요. 놀면 다 까먹어요."

눈을 흘기고 싶지만, 생각해보니 다 맞는 말이었다. 대화 내용대로 다 실천해 봤다. 시간이 갈수록 자책하는 나는 사라지고 의연해진 나의 모습이 보였다. 아이들도 많은 상황에 부딪히며 어른만큼 문제를 해결할 수 있는 삶의 지혜를 갖고 있었다. 다양한 삶의 해결책들이 샘물이 솟아오르듯 흘러넘쳤다.

작은 이야기에 큰 삶의 지혜가 있다. 내가 가져간 그림책으로 봉오리를 살짝 열어주면, 아이들은 더 많은 지혜를 활짝 펼쳐 꽃이 된다. 우리는 그림책으로 맺어진 탈무드 주인공들이다. 나도 너희들에게 배우는 중이다.

22
인정받지 않아도

송진설

"비록 삶은 고난으로 가득하지만, 사람은 그 모든 고난을 극복할 수 있는 힘을 가지고 있다."

헬렌 켈러의 말이다. 고난이 올 때 고난을 극복할 힘도 함께 온다는 말이 있듯 힘든 상황이 오더라도 세상을 향해 힘차게 나아가라고 말해준다. 우리에게는 무한한 가능성이 있다고 한다. 하지만 나에게 그런 힘은 없고 오직 다른 사람을 위한 말이라 생각했다. 헬렌 켈러의 말을 믿지 않았다.

《웨슬리나라》에는 남들과 조금 다르다는 이유로 소외당하는 아이, 웨슬리가 나온다. 엄마, 아빠마저 유별난 아이라고 말한다. 웨슬리는 피자와 탄산음료를 싫어하고, 축구를 바보 같은 짓이라 생각하며 머리카락을 짧게 자르지 않는다. 이러한 자신을 남들과 다르다고 느낀다. 문명에서 버림받은 거라고 생각했다. 여름방학을 얼마 앞둔 어느 날, 웨슬리는 방학 계획을 세우다 자신만의 문명을 만들기로 한다. 마당을 일구고 씨를 심는다. 새싹이 돋아나기 시작하는데 식물도감에도 나오지 않는 특이한 식물이 자란다. 잡초라고 뽑아 버려야 한다는 다른 사람의 말을 듣지만, 웨슬리는 정성을 다해 키운다. 이름 모를 식물은 쑥쑥 자란다. 웨슬리에게 먹을거리를 내어주고, 옷과 모자도 만들 수 있게 해 준다. 줄기는 해시계가 되고, 여덟 장의 꽃잎으로 셈법도 새로 만든다. 그렇게 웨슬리나라가 탄생한다. 마지막 장면에는 아이들이 웨슬리처럼 단장을 한 모습이다. 웨슬리나라의 역사에 동참하려 한다. 주인공은 변함없이 자신을 믿었기에 새로운 문명을 이뤄냈다.

자신을 사랑하려면 온전히 받아들여야 한다. 타인의 눈으로 나를 바라보는 것이 아닌 '나'의 눈으로 들여다보아야 한다. 그림책은 '나'를 찾아가며 자신만의 철학을 만들 수 있도록 한다. 내가 살아온 과거를 떠올리게 하고, 오늘의 나를 생각하게 하고, 나아가 살아갈 날들을 사색하게 한다. 그림책을 통해 나를 알게 되고 사랑하게 되면 힘들고 버거운 세상을 버텨야 하는 시간이 아닌, 성장하는 시간으로 받아들이게 된다.

아이도, 어른도 그림책을 읽으면 좋겠다. 천천히 문장과 그림 사이에서 여유롭게 산책하듯이 말이다. 급한 마음으로 후다닥 글자만

읽지 않길 바란다. 삶이란 책 속에서 짧지만 가볍지 않은 글이 그림에게 양보한 공간이라고 생각한다. 따뜻한 시선으로 바라보며 대화를 나누면 어느새 위로받고 있다는 걸 느끼게 된다.

절박한 마음이 그림책을 만나게 했다. 나로 살기 위해 매일 그림책을 펼쳤다. 간절한 마음으로 한 권씩 천천히 들여다보았다. 나에겐 권 수는 중요하지 않았다. 마음을 토닥여 줄 한 권을 만나는 게 의미 있었다.

고등학교 시절이었다. 마음이 내 마음 같지 않았다. 세상이 온통 흔들리고 뒤집힌 것 같았다. 학교 야간자율학습을 마치고 깜깜해진 거리를 친구와 걸어갔다. 가로등이 어둠을 밝혀주고 있었지만 캄캄하긴 마찬가지였다. 좀 두려웠다. 집 근처에는 가로등이 더욱 뜨문뜨문 있었다. 앞으로 나아갈 길이 보이지 않았다. 친구와 헤어지고 혼자서 집 쪽으로 들어가는 길이 오싹하리만치 무서웠다. 그 길이 나의 현실처럼 느껴졌다. 앞날이 잘 보이지 않았다. 열심히 뛰고 있지만 늘 제자리인 나.

나는 늘 겉으론 괜찮은 척했다. 내 방에 들어와 혼자 있게 되면 조심스레 마음을 풀어놓았다. 그러면 어김없이 눈물이 쏟아졌다. 그런 밤에 신경림의 《갈대》라는 시를 만났다.

'갈대는 저를 흔드는 것이 제 조용한 울음인 것을 까맣게 몰랐다.'

　그림책을 만나는 순간은 나를 흔들고 있는 것이 내 안의 울음인 것을 느끼는 시간이다. 감정을 표현하지 못하고 속으로만 흐느껴 울고 있었다는 걸 그림책을 통해 알게 되었다.

　사람들에게 인정받고 싶었다. 다른 사람이 보는 나 자신이 중요했다. 지금 돌아보면 내 삶을 온전히 살지 못했다. 부모님에게 언제나 착한 딸이 되려고 했다. 공부도 스스로 알아서 하고, 말하지 않아도 집안일을 돕는 딸이 되려고 했다. 학교에서도 친구들에게 착한 친구이길 바랐다. 선생님 말씀도 잘 듣고, 학교 규칙도 잘 지키는 바른 학생이 되려고 노력했다. 그렇게 해야 나를 바라봐 줄 것만 같았다. 특별히 잘하는 게 없기에 사람들 마음에 들려고 더욱 착한 사람이 되고자 했던 것 같다.

《대추 한 알》은 장석주 시인의 시와 유리 작가의 그림이 만난 그림책이다. 대추는 가을이면 자연스레 붉어진다. 하지만 대추 한 알조차 저절로 붉어지는 게 아니라고 한다. 태풍과 천둥, 벼락을 만나 영글어진다고 말한다. 아주 작은 존재조차도 그 속에 고난과 역경이 들어있다는 걸 알려준 그림책이다.

갈대처럼 흔들리고 있는 순간이 견디기 힘들었다. 겉으로 드러내지 못하는 감정들이 혼자 있을 때 쏟아져 나오면 울음을 멈출 수 없었다. 그림책을 보며 지난 시절에 흔들렸던 나를 만났다. 그리고 알게 되었다. 감정을 드러내지 못하고 참으며 지낸 시간이 있었기에 마음을 표현하는 것이 얼마나 중요한지 알게 되었다는 걸.

야시마 타로의 《까마귀 소년》은 아주 작은 아이 '땅꼬마'가 나온다. 늘 뒤처지던 아이는 따돌림을 받는다. 선생님과 아이들의 관심 밖에 있었다. 하지만 언제나 타박타박 걸어 학교에 온다. 그렇게 졸업반이 되고, 다정한 선생님이 새로 온다. 선생님은 땅꼬마를 편견 없이 바라본다. 자연을 잘 아는 땅꼬마를 칭찬하고, 땅꼬마의 그림을 좋아했으며 삐뚤삐뚤 붓글씨도 좋아했다. 땅꼬마는 선생님의 인정을 받는다. 땅꼬마는 학예회 무대에서 까마귀 울음소리를 낸다. 선생님은 땅꼬마가 6년 동안 하루도 빠짐없이 타박타박 걸어 학교에 왔다며 무대 위에서 말한다. 졸업식 날 6년 개근상을 받은 아이는 땅꼬마뿐이었다. 그리고 더 이상 땅꼬마로 불리지 않게 된다. 까마귀 소년이라는 새 이름을 얻었다.

《까마귀 소년》을 덮고 나니 소리가 들리는 듯했다. '타박타박' '타박타박' 비가 오는 날이거나 눈이 오는 날에도 언제나 걸어가는 소리. 새로 온 선생님의 관심이 큰 역할을 했다. 하지만 무엇보다 땅꼬마의 꾸준한 마음이 개근상을 받는 까마귀 소년을 만들었다.

　자신의 신념이 중요하다. 갈대가 흔들리듯이 저마다의 세상은 흔들린다. 내 마음을 흔드는 것이 울음이든, 감동이든, 슬픔이든. 내 마음은 바람에 살랑살랑 흔들리는 갈대처럼 잠시도 가만히 있지 않는다. 그림책만이 나에게 한결같은 존재이다. 내 이야기 같아서 같이 웃고 울었다. 마음이 벅찰 때도 있었다. 그림책과 함께 나만의 발자국 소리를 내며 타박타박 걸어가 보련다. 어떤 어려움도 이겨 낼 수 있으리라.

　나 스스로 이겨낼 힘이 있다고 믿어야 한다. 나를 향한 신뢰와 믿음은 신념이 되고 세상을 향해 나아갈 힘이 되어 준다. 그 신념 안에 강인한 힘이 있다. 남에게 인정받는 것보다 내가 나를 인정하며 나아갈 때 행복한 삶을 살 수 있다. 믿음이 바탕이 되어 끊임없이 노력해야 어떤 어려움이 닥쳐도 헤쳐 나갈 수 있다.

23
긍정의 힘

차은주

아침부터 신경이 날카로웠다. 어떤 일이든 해보기 전에 걱정부터 하는 나의 습관은 오늘도 나를 괴롭혔다.

"아! 정말 큰일 났다".

"내가 이걸 왜 한다고 했지? 어이구 이 바보!"

4월부터 20주 과정으로 영덕의 한 장애인 복지 재단에서 그림책을 읽게 되었다. 대상은 장애인이다.

오늘이 바로 수업 첫날이었고 나는 해내야 했다. 그림책 수업을 시작한 후 나는 수업만 할 수 있다면 어디든 마다치 않고 달려갔다. 하지만 이번 수업은 충분한 설명을 듣고 결정했음에도 불구하고 며칠 전부터 마음이 불안해 잠을 잘 수가 없었다. 한숨밖에 나오지 않았다. 몇 년 전, 무턱대고 한창 예민한 중학교 2학년 아이들과 일

년 반 동안 씨름하듯 수업했던 기억이 떠올랐기 때문이다. 오늘따라 아이들 등교 준비는 더 늑장이고, 학교에서 받아온 안내장을 지금에서야 들이미니 화가 났다. 아이들에게 화풀이하는 나의 모습은 머리에 뿔만 있었다면 성난 싸움소나 다름이 없었을 것이다.

첫 이미지가 중요하다. 최대한 단정하고 세련되게 입고 싶었다. 신중하게 고르려니 오히려 마음에 드는 옷이 없었다. 아뿔싸 시간은 후다닥 흘러 출발 시각이 지났다. 지각이다. 지난번에 한 번 다녀오긴 했지만, 첫날이라 담당자와 인사도 나누고 분위기도 살필 겸 최소 20분 전에는 도착해야 했다.

입어봤던 옷을 대충 침대에 던져두고 뛰다시피 집을 나섰다. 정성훈 작가의 《토끼가 커졌어》 그림책과 만들기 재료 가방을 챙기고, 차 키와 휴대전화기를 가방에 급히 던져 넣었다. 나의 잠을 쫓아줄 커피까지 양손에 짐이 한가득이었다. 차에 시동을 걸고 출발하려는데, 차 한 대가 앞에서 거북이처럼 주차하느라 길을 막고 있었다. 속이 부글부글 끓었다. 우여곡절 끝에 영덕으로 향했다. 내비게이션은 58분 후 도착이라고 알려주었다. 망했다. 수업은 10시 시작이고 나는 9시에 출발했다. 바쁜 날은 신호도 내 편이 아니다. 머릿속에는 날 자책하는 목소리가 커지고 있었다.

드디어 동네를 벗어나 7번 국도로 들어섰다. 트럭이 얼마나 무섭게 달리는지 속도를 낼 수가 없었다. 라디오에서 들려오는 팝송이

소음 같아 꺼버렸다. 인사 손 유희가 틀릴까 봐 흥얼거리며 손가락을 까닥거려보지만, 자꾸만 틀렸다. 마음이 불안하니 모든 것이 엉망이 된 기분이었다. 겨우 차가 없는 도로에서 속도를 낼 수 있었다. 드디어 도착했다. 시간은 10시 5분 전이었다. 주차한 후 가방을 양손에 들고 센터 입구에서 납작한 실내화로 갈아 신었다.

사무실에서 담당자와 인사를 나누고 강의실로 안내되었다. 그곳에는 20여 명의 지체장애인이 반듯하게 앉아 나를 기다리고 있었다. 내가 강의실로 들어서자 모든 시선이 나에게로 향했고 기대에 찬 까만 눈동자는 그 누구보다 맑고 깊었다. 나를 보고 손뼉을 치기도 하고, 다가와 안아주려고도 했다. 어느새 꽁꽁 얼었던 내 마음은 사르르 녹고 용기가 솟아났다. 수업에 대한 걱정이 여전히 있었지만, 이들을 실망시키고 싶지 않았다.

수업이 시작되었고 《토끼가 커졌어》를 펼치자 토끼가 커진 모습을 보고 괴물이 나타났다며 모두 표정이 심각해졌다. 독후 활동시간에는 코끼리 한 마리 노래를 토끼로 개사해 열 마리의 토끼를 불러내 신나게 율동 했다. 모든 에너지를 쏟아붓는 시간이었다. 수업이 끝나자 몸은 지쳤지만, 마음은 벅차올랐다. 집으로 돌아가는 길, 동해안의 푸른 바다가 이제야 눈에 들어왔다. 여유도 없이 불안해하며 갔던 그 길을 라디오 음악에 고개를 까닥이며 운전하고 있었다. 그리고 생각했다. 눈덩이처럼 걱정을 불리는 나의 부정적인 생각 습관을 반드시 고쳐야 한다고 말이다.

생각도 습관의 결과다. 조재원 작가의 《정말 다행이야 정말 큰일이야》라는 그림책이 있다. 책은 같은 상황에서 부정적인 생각을 하는 아이와 긍정적인 생각을 하는 아이 두 상황을 모두 만나 볼 수 있도록 구성되어 있었다. 나는 가끔 고민이 될 때 내가 다른 선택을 한다면 결과는 어떻게 되었을까? 상상해 보곤 했었다. 십여 년 전 예능 프로그램 중 이휘재의 상황극이 큰 인기를 얻었었다. 두 가지 상황 중 한 가지를 선택하여 살아보는 것이었다. '그래 결심했어!'라는 유행어를 남기기도 했다. 그런데 그림책에서 완전히 다른 두 상황을 모두 만날 수 있다니 흥미로웠다.

책 속 두 아이는 엄마 생일날 집에 가는 길에 여러 일을 겪게 된다. 긍정의 아이는 비가 내리자 빗소리가 참 예쁘다며 빗방울들이 노래하는 소리 같다고 생각한다. 다리가 망가진 시내를 건너며 돌멩들이 발을 꼭꼭 눌러주는 것이 시원해서 엄마에게 안마 선물을 해야겠다고 좋아했다. 떨어진 구슬에 넘어져도 엄마에게 구슬로 목걸이를 만들어 줄 생각에 행복해했다. 반면 부정의 아이는 빗소리가 시끄럽다고 했고, 개울의 돌멩이가 미끈거려 옷을 버렸다고 투덜거린다. 떨어진 구슬에 넘어져 구슬을 원망하며 결국 엄마의 선물을 준비하지 못했다.

아동학 박사인 신혜원 교수는 말했다.

동전의 양면처럼 세상의 모든 것에는 긍정적인 측면과 부정적인 측면이 함께 있기 마련이다. 아이가 어느 쪽을 보느냐에 따라 각기 다른 생각이나 선택을 하게 된다. 긍정적인 측면을 자주 보는 아이는 긍정의 생각 습관을, 부정적인 측면을 자주 보는 아이는 부정의 생각 습관을 지니게 된다. 이것은 아이가 자주 경험하는 상황을 통해 생각의 틀을 형성한다는 '표상 이론'으로 증명된 현상이다.

긍정의 틀을 갖기 위해서는 아이가 사물과 사건의 좋은 측면과 좋았던 경험을 먼저 바라보도록 부모는 노력해야 한다고 말이다. 긍정의 생각 습관이 얼마나 중요한지 알 수 있었다. 부모가 긍정의 생각 습관을 가졌다면 자녀도 긍정의 생각 습관을 갖게 될 확률이 높아지는 것이다.

조성자 작가의 《퐁퐁이와 툴툴이》에서 두 옹달샘은 서로 반대의 성격을 가지고 있다. 퐁퐁이는 항상 밝은 미소로 친구들에게 물을 마음껏 내주지만, 툴툴이는 입을 삐죽이며 친구들에게 물을 주지 않았다. 가을이 되어 나뭇잎이 많이 떨어졌다. 퐁퐁이는 친구들이 물을 마시며 낙엽을 건져주어 물이 깨끗했지만, 툴툴이는 낙엽이 쌓여 결국에는 사라지게 되었다. 완전히 다른 결과를 보여준 퐁퐁이와 툴툴이는 무엇이 달랐던 것일까? 받아들이는 마음의 크기였을 것이다. 마음이 넉넉하고 여유로운 아이가 긍정의 생각도 할 수 있다고 생각한다. 친구를 무조건 경쟁 상대로 생각하고 이겨야 한다는 강박관념에 쌓인 아이는 절대로 마음의 그릇이 커질 수 없다. 아이의 마음 그릇은 부모가 키워주어야 한다. 그리고 내 마음의 상태와 그릇의 크기도 들여다보아야 할 것이다. 《퐁퐁이와 툴툴이》를 함께 읽은 1학년 아이들은 모두 퐁퐁이 처럼 밝은 미소로 친구를 대하겠다고 말하며 웃는다.

"좋은 생각과 행동은 결코 나쁜 결과를 낳을 수 없고 나쁜 생각과 행동은 결코 좋은 결과를 낳을 수 없다."라고 제임스 앨런이 말했다.

나는 걱정을 사서 한다는 말을 많이 들었다. 잘하고 싶은 마음에 지나친 걱정이 부정적인 습관이 된 것이다.

이것은 나에게 아무런 도움이 되지 못했다. 오히려 나 스스로를 괴롭히고 힘들게 했다. 아이들에게 이런 나쁜 습관을 되 물림 하고 싶지 않다. 내 아이들만큼은 마음의 그릇이 커서 긍정의 에너지를 나누는 현명하고 밝은 아이들로 자라길 바란다. 나 역시 실수를 반복하지 않도록 노력할 것이다. 긍정의 삶과 부정의 삶, 어떤 삶을 살지는 내가 선택할 수 있다.

24
끝이 보이는 시작

최서원

어릴 적부터 만들기를 좋아했다. 제법 손재주가 있는 편이었다. 종이접기는 기본이고, 하드보드지로 보석함을 만들고, 미니 서랍장을 만들었다. 또 지점토로 인형을 만들기도 하였다. 그리고 나의 방을 분홍색 페인트로 칠 한 적도 있다. 이처럼 나의 손재주는 광범위했다. 그 덕분에 만들기에 대한 부담감은 전혀 없는 상태였다.

액세서리를 만들어 팔기로 했다. 나는 액세서리 만들기도 아주 쉽게 생각했다. 예쁜 재료를 사다 잘 조합해서 만들기만 하면 될 것 같았다. 정말 단순한 생각이었다. 혼자선 조금 힘들 것 같아 가까이 살고 있는 언니에게 전화를 했다.
"언니, 나 액세서리 만들어 팔 건데, 같이 할래?"

언니는 망설임 없이 같이하겠다고 했다. 우리는 그때부터 함께하며 예쁜 재료들을 찾기 시작했다. 가끔은 대구 서문시장으로 재료를 사러 가기도 했다. 언니는 나에겐 없는 감각이 있어 우리는 환상의 팀이 되었다.

　우리는 예쁘게 리본을 접어 핀에 붙이고, 보석을 반지 링에 붙이기도 하며 다양하게 만들었다. 화려한 레이스부터 시작해 단순한 리본 끈까지 다양한 재료로 만들고 또 만들었다. 그러다 예쁜 작품이 탄생 되면 촬영을 했다. 시골이라 주변이 온통 논과 밭뿐이지만 멋진 촬영 배경이 되어 주었다. 아파트 옥상에 올라가 하늘 향해 손을 뻗어 끼고 있는 반지를 촬영하기도 했고, 마당 있는 집의 장미 덩굴 앞에서 리본 핀을 촬영하기도 했다. 날씨 좋은 날엔 사진이 정말 예쁘게 잘 나왔다.

　'핸드메이드샵 닭자매'라고 이름도 지었다. 언니의 아이디어였다. 약간 촌스러운 듯 우리를 닮은 이름이었다. 마음에 들었다. 나는 흡족해하며 '닭자매'를 브랜드화했다. 홈페이지를 만들고, 구색을 갖추기 위해 이것저것 다양한 상품을 만들어 올렸다. 그리고 언니와 나는 각자의 지인들에게 '닭자매'를 알렸다. 지인들의 구매로 홈페이지에 판매된 목록이 뜰 때마다 우리는 신나게 포장을 해 택배로 보냈다. 우리가 만든 것이 판매되니 너무나 신기했다. (비록 모두 지인들이 사준 것이지만) 신이 난 우리는 계속해서 새로운 것을 만들기 시작했다. 그렇게 계속될 것만 같았던 재미는 그리 오래가지 못했다. 의무적으로 하나씩 사주던 지인 찬스는 끝이 났고, 홈페이지는 조용해졌다.

사다 놓은 리본 재료는 산더미처럼 쌓여있고, 주문은 뚝 끊겼다. 불안했다. 결단이 필요한 순간이었다. 고민 끝에 강아지 액세서리를 만들기로 방향을 틀었다. 우리 집 반려견인 동이를 모델로 삼아 목걸이, 스카프, 핀 등 다양한 강아지 용품을 만들었다. 하지만 상품을 촬영하고 홈페이지에 올려 보아도 구매하는 사람은 없었다. 어쩔 수 없이 정이 언니에게 전화를 했다. 정이 언니는 오래전부터 대구에서 강아지 옷을 제조, 판매하고 있었다. 그곳에 위탁판매를 부탁했다. 정이 언니는 망설임 없이 물건을 받아주었다. 강아지 목걸이와 스카프가 몇 개씩 팔리긴 했지만, 그다지 돈은 되지 않았다.

후회가 밀려왔다. 막무가내로 액세서리를 팔아 성공했다는 책을 보고 달려들었던 나의 어리석음이, 돈과 시간을 모두 날린 격이 되었다. 이대로 접고 싶지는 않았지만, 판매되지 않는 상품을 계속해서 만들고 있을 수는 없었다.

언니와 술을 한 잔 마셨다. 술을 마시면서 언니에게 '닭자매'를 유지하기 힘들다며 그만두자는 말을 어렵게 꺼냈다. 언니는 예상이라도 한 듯 덤덤히 받아들였다.

남편은 시골에서 뭐라도 하려고 애쓰는 나를 믿어주었다. 그리고 밀어주었다. 하지만 옆에서 보기가 얼마나 답답했을까. 두 여자가 맨날 모여 이것저것 만들며 팔아보겠다고 하는 모습을 보면서 아마 예상했을 것이다. 머지않아 곧 끝이 날 것을.

지금 생각하면 믿고 따라와 주었던 언니에게 실망을 안겨 미안한 마음이 제일 크다. 그리고 날개를 펼치지도 못한 채 끝이나 버린 '닭자매'가 못내 아쉬울 뿐이다.

박종진 글, 설찌 그림의 《고양이 찻집》에는 퇴직한 할아버지가 나온다. 할아버지는 할머니에게 차를 잘 타주는 특기가 있다. 그 특기를 살려 찻집을 차렸다. 그러나 손님 하나 없이 조용하다. 그러던 중 고양이 한 마리가 들어온다. 할아버지는 너무나 기뻐 가장 자신 있는 꽃차를 내어준다. 하지만 고양이는 냄새만 맡고 그냥 나가버린다. 할아버지는 다음 날, 그다음 날에도 찾아온 고양이 손님을 만족시키기 위해 많은 차를 만들고 연구한다. 그러던 어느 날 고양이의 특징을 살려 식혀놓은 고등어 차를 대접한다. 고양이는 맛있게 먹고 일어난다. 그다음 날부터는 많은 고양이 손님이 찾아온다. 그리고 사람들도 많이 찾아오는 유명 찻집이 된다는 이야기다.

할아버지의 끊임없는 연구와 노력이 결국 성공으로 이어졌다. 난관에 맞닥뜨리자 쉽게 접어버린 나의 '닭자매'가 고양이 찻집 앞에 부끄러워졌다.

난 왜 그렇게 쉽게 포기를 했을까. 어려움을 헤쳐 나갈 용기와 끈기가 왜 없었던 걸까. 언제나 그랬다. 나는 어려운 상황이 닥치면 포기하는 쪽을 선택했다. 부끄럽지만 한 번도 끝까지 최선을 다해 밀어붙여 본 적이 없다.

"도전은 인생을 흥미롭게 만들며, 도전의 극복이 인생을 의미 있게 한다."라고 조슈아 J. 마린이 말한 것처럼 나는 도전했다. 하지만 극복을 하지 못했다. 좋아하고 잘하는 일을 하면서 돈을 벌고자 했던 나의 '닭자매'는 시련을 극복하지 못한 채 조용히 사라졌다. 액세서리 만들기로 또 한 번의 인생을 배웠다. 열정만 가지고는 아무것도 할 수 없다는 것을. 그리고 끝까지 최선을 다해보지 못하고 그만두게 되면 후회와 미련이 남는다는 것을.

최선을 다해 본 실패는 실패가 아니라 좋은 경험이 된다는 것을 마음에 새겨본다. 그리고 다음번엔 기필코 끝이 보이지 않는 도전을 할 것이다.

끝날 때까지 끝난 건 아니니. 나의 도전은 계속될 것이다!

25

나의 소이

김수민

나는 한때 습관적인 불안함과 우울을 가지고 있었다. 어른들이 정한 착한 아이의 틀에서 벗어나 나쁜 행동을 했다는 생각이 들면 내가 미워졌다. 사람들이 나의 실체를 알까 봐 두려웠다. 그래서 천천히 혼자 가라앉았다. 열네 살 때부터 스물두 살까지는 스스로 일기를 썼다. 하지만 다시 읽지 않았다. 주로 일기를 마음 해소용으로 썼기 때문이다. 예민한 사춘기 시절, 여러 친구와 웃고 떠들어도 '어제 내가 한 행동은 나쁜 건가? 다른 사람들이 알게 되면 어떡하지?' 하며 감정의 갈피를 못 잡을 때가 많았다. 그때마다 수학 문제집 아래에 일기장을 펼치고 내가 왜 불안한지 글로 적으며 감정을 가시화했다. 그러면 입술이 꽉 깨물린 것처럼 마음에서 비릿하게 피 맛이 났다. 생각이 많으니 성적은 점점 떨어졌다. 선생님들이 잔소리하지 않아도 나는 나 자신에게 벌을 줬다. 열여덟 살에는 이제 살고 싶지 않다는 말로 엄마의 마음에 비수를 꽂았다. 가끔 뒤틀린 속을 못 견딜 때면 입에서 거품을 토해냈다.

다들 교복 입던 때가 제일 좋다고 하지만, 나는 별로 돌아가고 싶지 않다. 그때는 나라는 사람을 정확하게 이해할 수 있는 시간이 부족했다. 단순하게 이렇게 힘든 이유를 다 친구 탓으로 돌렸다. 늘 머릿속에 한 친구가 꽉 차 있었고, 그 아이에게 잘 보이고 싶어서 부단히 노력했다. 친구를 잃어버리면 세상이 끝나는 줄 알았다. 그러다 보니 상대가 저지르는 무례한 언행으로부터 나를 지키는 힘이 부족했다. 한번은 그 친구가 나에게 상처를 줘서 실망했던 적이 있었다. 하지만 나의 감정은 안중에도 없고, 내가 친구를 싫어한다는 사실에 대해서만 자책했다. 그래서 나의 단점을 계속 드러내어 고치려고 안간힘을 썼다. 남에게 휘둘려 사는 나를 끔찍하게 여기던 시절이었다. 자기혐오에 싸여 정신을 차리지 못했다. 어른이 되어서는 결국 일기 쓰는 횟수를 줄였다. 일단 적지 않고 놔두면, 불안함과 우울함이 점점 무의식으로 흘러갔다. 그러면 멀쩡한 사람 같았다. 좋은 방법이 아니라는 것을 알고 있었다. 하지만 꺼내서 열어보고 싶지 않았다.

나는 긴 시간 동안 '잠수하는 자'였다. 치열하게 나의 잠수에 대해 고민하며 대학 시절을 보냈다. 무의식 속에서 지나간 일을 꺼내

잠수의 이유에 대해 생각했다. 벚꽃이 핀 학교 벤치에 앉아서 나의 상황을 가장 잘 아는 친구에게 또 내 생각을 털어놨다. 친구는 나와 눈을 마주치지 않고 대답했다.

"야, 니 아직도 이러나? 근데 나는 니 이러는 거 좀 피해 의식 같다. 인제 그만 미워해도 되지 않나? 걔는 니가 지금까지 이러고 있는 거 모를걸? 가끔 걔 만나는데 니 얘기 거의 안 한다."

지금까지 나의 잠수는 다 그 친구 때문이라고 생각했다. 그래서 그 아이에게 모든 잘못을 뒤집어씌웠다. 그런데 친구의 말을 듣는 순간 우울함의 이유가 없어졌다. 몇 년을 고민했는데 모조리 허송세월이었다는 생각이 들어 마음이 흐렸다. 모자를 눌러 쓴 내 얼굴이 아래로 툭 떨어졌다. 나도 잘 안다고 웃으며 거짓말했다. 캄캄한 터널을 죽자 살자 빠져나왔지만, 쨍쨍한 햇빛은 보지 못하고 구름 많은 하늘만 마주한 기분이었다. 긴 터널을 건너온 시간이 헛되지 않기만을 바랐다. 친구가 돌아간 뒤, 마음을 다잡고 다시 원점으로 돌아갔다. 일단 누군가를 깊이 미워하지 않는 것부터 시작했다. 쉽지 않았다. 그리고 내가 가장 힘들어하는 것이 무엇인지 살펴보았다. 자연스레 초점이 나에게로 맞춰졌다. 내 어린 시절을 하나하나 되짚었다. 나에 대한 객관화를 시작했다. 원인은 나였다. 남에게서 나의 자존감을 찾던 나, 나에 대한 사람들의 실망스러운 눈초리가 무서웠던 나, 세상이 원하는 착한 사람이 되어야 마음이 놓였던 나. 드디어 채워야 하는 것이 무엇인지 깨달았다. 스스로 갈라져 있는 틈을 메워야겠다고 생각했다. 우울감에 허우적대는 삶을 관둬야겠다는 다짐을 처음 했다. 하지만 노력해도 실천이 잘되지 않았다.

  그런데 그림책 소모임에서 《여름의 잠수》를 처음 접했을 때, 마음의 안개가 온전히 걷히는 느낌이 들었다. 내가 이 책에 나오는 모든 등장인물이 된 것 같았다. '소이', '소이의 아빠', '소이의 엄마', '사비나'의 상황이 모두 이해가 됐다. 소이의 아빠는 정신 병원에 입원했다. 아빠는 존재한다고 믿었던 날개를 잃어버려 많이 슬퍼했다. 점점 소이와 엄마의 면회도 거부했다. 소이는 자신이 있는 이 세상에서 살기 싫다고 말하는 아빠를 잘 이해하지 못했다. 엄마는 점점 면회를 가지 않았다. 그렇게 혼자 병원을 방문하던 소이는 사비나라는 여자를 만났다. 사비나는 수영 선수였다. 둘은 나무 아래에서 빨간색 수영복을 입고 수영과 잠수 연습을 했다. 풀밭에 누워 지나가는 비행기를 자주 구경했다. 풀빛 수영으로 세계 곳곳을 돌았다. 계절이 여러 번 변했다. 아빠가 이제 소이에게 집으로 가자고 말했다. 마지막 장에서 작가는 '어떤 사람은 슬픈 일이 지나갈 때까지 병원에 있어야 하며, 그것은 절대 위험한 일이 아니다.'라고 했다. 소이가 사비나와 함께 지내며 마음이 아픈 아빠를 점점 이해하는 모습이 경이로웠다. 자신의 세계에 갇혀 사는 사비나와 진정한 친구가 된 모습도 멋져 보였다. 소이는 사비나를 그녀 자체로 받아들이고, 연민을 가졌다. 이런 지혜가 아빠를 이해하는 밑거름이 되었다. 나도 사비나와 소이의 아빠가 된 적이 있었다. 그때는 소이의 엄마처럼 힘들고 지쳐서 모른 척하고 마주하지 않았다. 아마도 나는 내 주변 사람들이 소이 같은 존재가 되어 주길 바랐던 것 같다. 나의 밑바닥을 봐도 온전히 이해해 주길 바랐다. 어리석었다. 이 책을 읽고 앞으로는 소이를 찾아다니지 않기로 했다. 나의 마음을 완벽히 알아주는 친구를 밖에서 구하지 말자. 나의 내면에서 소이를 만들자고 생각했다.

이 책을 몇 번 읽었을 때쯤 윤동주의 《팔복(八福)》이라는 시가 생각났다. 성경의 구절을 옮겨 재해석한 이 시를 고등학생 때 문제집에서 처음 봤다. 나는 무교라서 자세한 교리는 모르지만, 시를 반복해서 한참 읽었던 기억이 난다. 시는 '슬퍼하는 자에게 복이 있나니'라는 구절이 8번이나 반복된다. 소이의 아빠는 마음이 아파 병원에 입원했지만, 멋진 친구를 많이 만나 집에 가기 싫다고 얘기한다. 좌절만 가득했던 사비나는 병원의 정원에서 자신과 함께 수영해 주는 소이를 만난다. 그들은 숨을 멈추고 깊이 잠수했지만, 가끔 뭍으로 나와 자신을 이해해 주는 사람들을 만났다. 덕분에 아빠는 잃어버린 날개를 다시 돋게 하려는 의지가 생겼다. 면회를 거부해도 늘 엄마 없이 혼자 찾아오는 소이를 보며 가족의 소중함도 느꼈을 것이다. 사비나도 소이와 함께 자신의 꿈에 관해 이야기하며, 태평양을 건너겠다는 꿈을 포기하지 않을 수 있었다. 소이는 병원에 있는 사람들의 깊은 슬픔에 대해 이해하고자 노력했다.

다들 슬퍼하는 자여서 복을 얻었다고 생각하니, 내 일기장이 문득 떠올랐다. 용기를 내서 다시 읽어봤다. 행복해지려고 스스로 내치고 몰아붙이는 나를 발견했다. 눈물이 났다. 자연이나 시간, 사람으로 치유되는 것을 깨닫지 못했다. 시곗바늘을 부숴버린 채, 헉헉거리며 제자리만 계속 뛰었던 내가 불쌍했다. 그것조차 힘들어서 다 내려놓은 모습도 보였다. 감정의 중심으로 들어가는 것을 관두고 테두리만 따라 걸었다. 나를 비난하는 수많은 질문이 빼곡히 적혀있었다. 하지만 답은 없었다. 몇 년을 많이 슬퍼하고 나니 비로소 어린 시절의 내가 보였다. 지나간 인연들을 많이 괴롭혔다. 모르게 또는 일부러 상처 주는 말과 행동을 했다. 이상한 상황극을 하고 심술을 부렸다. 왜 끊임없이 내가 착한 사람이라는 것을 남을 통해 확인받고 싶었을까? 일기를 읽으며 드러나는 바닥이 창피했다. 하지만 괜찮아지기로 다짐한 것을 멈추지 않았다. 스스로 연민을 가졌다. 나를 잘 이해해 줄 수 있는 새로운 소이를 만들었다. 아직은 살짝 어설프지만, 소이에게 마음 한쪽을 내줬다. 이제는 가끔만 잠수하고 싶은 날이 찾아온다. 나만의 소이는 나를 억지로 물에서 끄집어내지 않고 함께 있어 준다. 덕분에 나는 금방 물으로 올라오는 방법을 터득했다.

다들 행복해지기 위해 산다. 행복은 슬픔을 경험한 사람에게 찾아온다. 슬퍼했던 자는 일상을 찾기 위해 '내 기분을 어떻게 조절할지', '무엇을 관두고 도망가야 할지' 결정하는 지혜가 생긴다. 나는 슬퍼해서 복을 얻었다. 지난날의 잠수는 나에게 진정한 친구를 만들어 줬다. 세상을 다르게 보는 눈을 주고, 평화로운 마음으로 사는 것이 어떤 것인지 알려줬다. 나를 이해하기 위해서는 지난날의 나에 관한 관심이 필요했다. 그렇게 나와 주변의 것들을 사랑하고 용서하는 지혜가 아주 조금 생겼다. 소이와 함께하는 나는 지금이 가장 행복하다. 앞으로도 그러고 싶다. 조심스러운 말이지만, 지나간 나의 인연들이 이 글을 마음에 들어 했으면 좋겠다. 수도 없이 잠수하는 나를 보듬느라 고생했고, 소이가 될 수 없는 그대들에게 날마다 서운한 티를 내서 미안했다. 나는 꽤 괜찮으니, 그대들도 행복하길 바란다.

26

완벽

송진설

문구디자이너로 일할 때였다. 출근해서 컴퓨터 앞에 앉았다. 포토샵과 일러스트 프로그램을 실행하고 작업을 시작했다. 맡은 디자인은 초등학생 노트. 여학생 노트와 남학생 노트의 표지를 만드는 것이었다. 이제 내지를 작업할 차례였다. 줄 간격을 맞추기 위해 모니터를 뚫어지게 쳐다보며 집중하고 있었다. 갑자기 배가 아팠다. 금방 낫겠지 생각했는데 점점 더 심하게 아프기 시작했다. 배를 감쌌다. 꼼짝할 수 없었다. 옆자리에 앉아있는 팀장이 나를 보며 괜찮은지 물었다. 대답하는 목소리가 떨렸다. 식은땀이 흘렀다. 팀장님은 택시를 불러주며 병원에 다녀오라고 했다. 사무실에서 내려와 택시를 탔다. 병원으로 가는 내내 배를 움켜잡았다. 병원에 도착했다. 다행히 환자가 많지 않았다. 금방 진료를 받았다.

"위염과 장염입니다."

주사를 맞았다. 링거 한 대 맞으라 해서 침대에 누웠다. 방울방울 떨어지는 수액을 멍하니 쳐다보았다. 이러고 있을 때가 아니었다. 간호사에게 수액이 빨리 내려오게 조절해 달라고 말하고는 잠깐 눈을 붙였다. 처방전을 들고 약국으로 향했다. 삼 일 치 알약을 받아들고 다시 택시를 탔다. 회사는 일정이 빡빡하게 짜여 있었다. 디자인 실수는 회사에 큰 손해를 끼치는 일이었다.

학교 시절이 생각났다. 고등학교 시험 기간이었다. 시험 치기 일주일 전부터 배가 아팠다. 먹는 족족 화장실에 다녀와야 했다. 배 속에서는 천둥소리로 난리였다. 화장실로 바로 향해야 했다. 시험 날짜가 다가올수록 증상은 심해졌다. 시험 날 아침을 거르고 학교에 갔다. 시험이 시작되었다. 문제를 풀면서 슬슬 배가 아파져 오기 시작했다. 아직 풀어야 할 문제가 남아 있었다. 곧 화장실로 달려가지 않으면 안 될 것 같았다. 시계를 보았다가 문제지를 살펴보았다. 얼굴에서 흘러내리는 땀을 닦았다. 한 문제라도 더 풀고 싶었다. 일주일 전부터 잠을 줄여가며 시험공부를 했다. 이번 시험은 잘 치르고 싶었다. 하지만 도저히 시험 시간을 다 채울 수가 없었다. 남은 문제는 빠르게 읽고 답을 표시했다. 바로 OMR 카드에 기록하고 얼른 끝냈다. 서둘러 화장실로 달려갔다. 아무도 없는 화장실에서 눈물을 닦았다. 잘하고 싶은 마음이 드는 일에는 복통이 따라왔다.

10년도 훨씬 지난 일이다. 초등학교 국어 시간에 그림책 선생님으로 참여하는 기회가 왔다. 40분이란 짧지 않은 시간에 그림책을 읽어 주고 독후활동을 했다. 첫 수업을 하기 전날 밤에는 잠이 잘 오지 않았다. 계획안을 미리 짜고 연습을 많이 했지만, 긴장이 되었다. 실수하면 어쩌지? 아이들 반응이 좋지 않으면 어떡하지? 머릿속에는 부정적인 일들만 떠올랐다.

학교에 들어서는데 침이 바짝 말랐다. 복도를 걸어가며 심장이 쿵쾅쿵쾅 요동쳤다. 교실 문을 열고 들어갔다. 달달 외웠던 인사말이 생각나지 않았다. 수업이 끝나고 나니 어떻게 시작했는지 전혀 기억나지 않았다. 긴장한 탓에 사투리가 많이 나왔다. 한 아이가 큰 소리로 말했다. 선생님의 사투리를 알아들을 수 없다고. 애써 웃으며 수업을 마무리했다.

내가 읽어 주는 그림책이 너무 재미있다며 아이들이 신나길 바랐다. 내 수업에 홀딱 반하게 만들고 싶었다. 완벽하게 해 내고 싶었다. 수업을 시작한 지 몇 달 동안은 매 순간 두려웠다. 아이들 앞에 서면 몸이 얼어붙는 것만 같았다. 입까지 꽁꽁 얼어붙은 듯 발음이 잘되지 않았다. 수업이 끝나면 한심한 사람처럼 느껴졌다.

준비를 많이 하고 스스로 녹음하며 수업 시연까지 했건만, 막상 아이들 앞에 서면 연습은 무용지물이 되었다. 부족하지만 온 힘을 다해 노력하는 것으로 만족하고 스스로 격려하는 수밖에 없었다. 무거운 마음을 조금 덜어내고 아이들 앞에 섰다. 긴장이 줄었다. 밝은 표정으로 수업을 했다. 아이들이 수업을 즐기고 있는 것이 느껴졌다. 덩달아 신나게 수업했다.

지금도 아이들 앞에서 그림책을 읽어주고 있다. 금요일은 아이와 함께 등교한다. 학부모 활동인 '책꾸러미'를 하고 있다. 아침 수업이 시작되기 전 이십 분 동안 아이들에게 그림책을 읽어주고 간단한 활동을 한다. 맡은 반은 1학년 2반. 앞문으로 들어가 선생님에게 인사를 하고 친구들과 인사 나눈다. 그림책을 읽어 주기 위해 업무를 보고 있는 선생님과 초롱초롱한 눈으로 나를 바라보는 아이들 앞에 선다. 목소리가 떨리거나 긴장하고 있는 모습을 보이지 않으려고 애쓰지 않는다. 그림책과 아이들을 좋아하는 마음이 전해지길 바라는 마음으로 읽어준다. 그림책 장면을 잘 보기 위해 고개를 빼고 보는 아이, 볼을 두 손으로 감싸며 꼼짝 않고 눈만 깜빡이는 아이도 보였다. 그림책을 들려주고 기쁜 마음으로 교실에서 나온다. 활동 후 스스로 평가하며 자책하지 않는다. 오늘도 잘했다고 나를 격려하며 아이들과 꿈같은 시간을 보낸 것에 의미와 가치를 둔다.

《앙통의 완벽한 수박밭》 표지에는 사람보다 더 큰 수박이 보인다. 한 손에 모자를 들고 환하게 웃고 있는 남자를 보니 수박 농사가 잘되었나 보다 생각했다. 앙통은 수박밭에 정성을 다한다. 완벽한 수박밭이라 생각한다. 하지만 어느 날 수박 한 통을 도둑맞으며 상실감에 빠진다. 수박이 사라진 빈자리가 크게 느껴진다. 수박밭의 절반은 비었다고 느낀다. 도둑맞은 수박의 자리가 점점 커지는 것처럼 느껴지고, 다른 수박보다 달콤하고 완벽했을 것이라는 생각까지 하게 된다. 앙통은 악몽까지 꾼다. 수박밭을 지키기 위해 한밤중에 밭 한가운데에 의자 하나를 두고 지킨다. 마음은 점점 더 무거워지고 무기력해진다. 모든 걸 잊고 푹 자고 싶은 마음뿐이다. 눈꺼풀은 점점 더 무거워진다. 앙통은 깊은 잠에 빠져든다. 그날 밤, 길고양이들이 나타나 수박밭을 송두리째 망가트린다. 다음 날 아침, 엉망이 된 수박밭을 보는데 수박은 더 싱싱해 보였고, 도둑맞은 빈자리는 보이지 않았다. 더욱 완벽해진 수박밭에서 앙통은 이제 슬프지 않았다.

완벽하게 잘 해내야 한다고 생각했다. 죽을힘을 다해 노력하면 무슨 일이든 해낼 수 있다는 생각에 밤낮없이 매달렸다. 실수하면 시시때때로 나를 다그쳤고 반성했다. 좌절하는 순간들만 가득했다. 그럴수록 무슨 일을 해도 잘 풀리지 않았다. 결국 모든 걸 다시 시작해야 했다. 잘 해내야 한다는 마음은 부족한 나를 점점 더 한심한 사람으로 만들었다.

누구나 완벽하지 않다. 그렇기에 받아들이고 마음을 가다듬어야 한다. 가장 중요한 것은 완벽하게 '완벽하지 않음'을 인정해야 한다는 것이다. 세상에 완벽이란 게 있을까? 우리의 삶에는 시시때때로 크고 작은 일들이 벌어진다. 그 일이 불운인지, 행운인지는 알 수 없다. 단지 그 일을 해결하는 과정에서 무언가를 배우고 성장한다면 분명 행운으로 남게 될 것이다.

러시아 속담에 "불운을 두려워하면 결코 행운을 알 수 없다."라는 말이 있다. 자신에게 닥친 일이 힘들고 고된 일이라 여겨지더라도 겁을 먹고 피하지 않아야 한다. 우리에게 경험은 또 다른 도전이 될 수 있다. 파울로 코엘료는 그 무엇도 경험을 대신할 수 없다며, 위험을 감수하고 용기를 내어 경험하라 말했다. 완벽하지 않기에 우리는 무모하더라도 도전할 수 있고 현실을 뛰어넘을 수 있다.

내게 닥친 상처와 위기를 딛고 일어설 때 보다 강해질 수 있고, 불운이 행운이 될 수 있다.

27
건강한 삶

차은주

건강한 신체에 건강한 정신이 깃든다. 유베날리스가 한 말이다. 콧등으로 듣던 이 말을 실감했던 일이 있었다. 학원으로 가는 길 계단을 오르는데 왼쪽 무릎이 심상치 않았다. 시큰거리고 욱신욱신 이렇게까지 아픈 건 처음이라 무서운 생각이 들었다. 온 정신이 무릎에 가 있으니 일에 집중이 안되고, 문득문득 비관적인 생각을 하게 되었다. '벌써 이렇게 아프면, 10년 뒤 나는 걸을 수 있을까?', '얼마나 더 일을 할 수 있을까?' 하며 걱정에 또 걱정을 얹어 하루를 우울하게 보냈다. 다리에서는 파스 냄새가 떠나질 않았다. 원인은 불어난 체중과 운동 부족이었다. 폭식과 단 음식을 좋아해서 한 번 손에 잡으면 끝장을 보는 식습관이 문제였다. 그리고 다리가 아프다는 핑계로 엄살을 떨며 운동다운 운동도 하지 않았다. 이대로는 안되겠다 싶었다. 하지만 병원에 가서 연골 주사를 맞는 것은 겁이 났다. 고민 끝에 헬스장에 등록하고 다리 근육을 위한 운동을 제대로 배워봐야겠다고 결심했다.

    기억을 더듬어보면 어린 시절 나는 달콤한 간식을 좋아했다. 특히 크림빵, 젤리, 사탕을 좋아했는데 이 단맛은 지구상 모든 생명체가 좋아하는 맛일 것이다.

    몇 년 전, 포항 동빈내항에서 가족들과 유람선을 탔었다. 배가 출발하자 갈매기들이 뒤따르기 시작했다. 나는 새우깡을 챙겨왔으면 아이들에게 재밌는 경험이 되었을 텐데, 하고 생각했었다. 그런데 일부에서는 갈매기들의 건강을 위해 과자는 주지 않는 것이 좋다고 주장했다. 나도 이 말에 공감이 되었다.

    전민걸 작가의 《바삭바삭 갈매기》라는 그림책을 본 적이 있다. 긴 부리를 가진 갈매기가 무언가를 맛있게 먹고 있었다. 갈매기가 먹는 것이 무엇인지 추측해 보았다. '설마 과자일까? 어쩌다 갈매기가 과자를 먹게 된 걸까?' 궁금증에 표지를 빠르게 넘겼다. 작가는 실제로 갈매기가 마트 안에 들어가 과자를 물고 나오는 한 영상을 보고 영감을 얻어 이 책을 지었다고 했다. 책 속의 갈매기는 큰 배에서 아이들이 던져준 과자를 먹게 된다. 단번에 바삭하고 짭조름한 맛에 빠져들고 만다.

"더 먹고 싶어."

갈매기는 과자를 외치며 배를 뒤쫓다가 사람들의 마을까지 날아가게 되었다. 그곳에서 과자를 찾아 골목을 헤매던 중 쓰레기 더미 위에 털이 다 빠지고 뚱뚱해진 새들을 만나게 된다. 갑자기 고양이가 나타나자 갈매기는 허둥지둥 날아오르려 했지만, 몸이 무거워 잘 뜨지 않았다. 겨우 지붕 위에 올라온 갈매기는 친구가 주는 과자를 버리고, 멀리 바다를 향해 날아가게 된다. 갈매기는 과자가 아무리 맛있어도 목숨과 바꿀 수는 없다는 것을 깨달은 것 같았다. 갈매기가 과자를 찾아다니는 모습은 영화관 팝콘 통에서 끝까지 손을 빼지 못하는 내 모습과 닮아 있었다. 나는 단 음식을 좋아했고 비스킷, 초콜릿, 젤리 등은 나의 주 간식이었다. 점심은 슈크림 또는 팥빵 한두 개로 때우는 일이 다반사였고, 배가 고프면 과자 한 봉지는 금세 먹어 치울 수 있었다. 달콤한 과자는 스트레스를 잊게 만들고, 나의 배도 든든하게 채워주었다. 외부 수업이 잦았던 나는 그렇게 몇 년을 살았다. 내 건강이 어떤지도 모른 체 말이다.

김향수 작가의 《괴물이 되고 싶어》에서는 군것질만 하다 괴물이 된 아이가 주인공이다. 파랗고 뚱뚱한 괴물이 하수구 구멍 뚜껑을 열며 인사한다. 주변에는 세균과 벌레가 바글거렸다. 괴물은 자신처럼 괴물이 되는 방법을 알려주겠다며 사탕, 과자, 탄산음료, 아이스크림만 먹으라고 말한다. 바나나, 시금치 등은 몸을 건강하게 만들기 때문에 먹지 말라고 한다. 이도 닦지 말라고 한다. 괴물의 썩은 이의 모습과 배와 엉덩이가 볼록한 모습에 아이들은 고개를 절레절레 흔들었다. 음료를 먹는 빨대 속엔 세균이 득실거렸다. 괴물이 되기까지 걸리는 시간은 단 세 밤이었다. 아이들은 하나같이 괴물과 반대로 하겠다고 약속했다. 썩은 이를 찾아보며 사탕은 하루에 하나만 먹고 양치질을 꼭 하겠다고 했다. 식습관과 청결이 얼마나 중요한지 아이들에게 단박에 알려주는 그림책이었다.

《사탕공장에 가지 마》라는 손동우 작가의 그림책 역시 건강의 중요성을 알려준다. 표지에는 벌들의 모습이 사탕처럼 알록달록하게 그려져 있었다. 주인공 붕붕이는 벌이다. 매일 꿀이 있는 곳을 자신들만의 언어인 춤으로 친구들에게 알려주었다. 그런데 어느 날부터 친구들은 모두 사탕 공장으로 가기 시작했다. 그곳에서는 매일 힘들게 일하지 않아도 달콤한 사탕을 마음껏 먹을 수 있었다. 벌들의 모습이 점점 변해가기 시작했다. 몸이 사탕처럼 알록달록 동글동글 뚱뚱해져 갔다. 이제는 꿀을 찾으러 갈 생각조차 하지 않게 되었다. 그러던 중 사탕 공장이 문을 닫았다. 벌들은 배가 고프다며 울기 시작했다. 이미 편리한 것에 익숙해져 꿀을 찾는 법을 잊어버리고 사탕에 중독된 것이었다.

요즘은 중독의 시대이다. 스마트폰, 게임, 유튜브, 과식 등 쉽게 손에 잡히고 접할 수 있으니 중독이 오히려 당연하게 생각된다. 가끔은 내가 무언가에 중독되어 있는건 아닌지 자가진단 해보는 것도 건강을 지키는 좋은 방법인 것 같다. 나는 달콤함의 중독에서 벗어나야 한다는 생각을 하지 못하고 살았었다. 결국에는 몸에서 보

내는 경고에 멈추게 되었고 연골 주사를 맞지 않겠다는 의지로 운동을 시작했다. 사탕처럼 변한 벌과 몸이 무거워 고양이를 피하지 못하는 갈매기가 되고 싶지 않았다. 지금이라도 나의 몸 상태를 돌아보게 되어 다행이라는 생각이 들었다.

   아침에 눈을 뜨면 가장 먼저 몸무게를 점검한다. 나에게는 아주 중요한 첫 일과이다. 체중이 늘었는지, 줄었는지 몇백 그램에 반응하지 않으면 순식간에 몸무게는 늘어난다. 식단 관리를 시작한 지 두 달쯤 되어간다. 다리 통증은 거의 사라졌고 몸무게와 체지방 모두 4킬로 감량했다. 몸이 가벼워지니 집중력도 좋아졌고 오히려 활기가 넘쳤다. 이제는 몸무게를 유지하는 목표가 남아 있다. 한 달 정도 식습관을 유지하니 군것질도 조절이 되었다. 나에게 가장 좋은 운동은 집에서 타는 실내 자전거였다. 일주일에 네 번 40분 정도 타면, 땀도 나면서 다리에 근육이 붙는 것 같았다. 시간이 없을 때 짬짬이 하기에도 좋았다. 땀을 흘리고 샤워를 하면 기분이 날아갈 것 같았고 오늘도 나를 위해 무언가를 했다는 뿌듯한 성취감도 맛볼 수 있었다.

건강에는 자신 있었다. 그래서 먹고 싶은 것은 실컷 먹었고, 몸에서 보내는 작은 신호는 무시했다. 몸을 돌보지 않은 대가는 계단을 오르지 못하는 통증으로 돌아왔고 순식간에 좌절감을 맛보게 되었다. 맛있는 것을 먹어도, 쇼핑을 해도, 음악을 들어도, 어떤 것도 즐겁지 않았다. 행복한 삶의 조건은 첫째도 건강, 두 번째도 건강이었다.

나는 건강한 두 다리로 숲길을 걸으며 빽빽한 나무 사이의 한 뼘의 해를 느끼며 노년의 삶을 만끽하고 싶다.

'건강한 신체에 건강한 정신이 깃든다.' 이 말은 내게 진리가 되었다.

28

단점 극복하기

최서원

어릴 적부터 끈기가 없다는 소리를 듣고 자랐다. 그 이유는 내가 무언가를 끝까지 한 적이 없기 때문이다. 학창 시절엔 하고 싶었던 그림공부를 집안 형편이 어렵다는 이유로 쉽게 포기를 했고, '디자인 서원'이라는 나만의 작은 기획실을 10개월 만에 일이 없다는 이유로 접었다. 그리고 회사 출근 전 다니던 일본어 학원 새벽반도 한 달 만에 피곤하다는 이유로 그만두었다. 또 언니와 함께했던 리본 공예는 몇 개월 채우지 못하고 돈이 안 된다는 이유로 접었다. 그리고 너무 짧아서 내 기억에서 사라진 것들도 무수히 많다. 무엇을 하기는 아주 많이 했는데 끝까지 해낸 것이 없다. 모두 적당한 핑계를 대며 중간에 그만두었다.

TV를 보거나 책을 보다가도 깜짝 놀라며 나는 외친다.

"어! 나도 저거 배우고 싶어."

그러면 옆에 있던 남편은 한숨을 내쉬며 고개를 절레절레 흔든다. 또 얼마 가지 않아 그만두리라는 것을 남편은 잘 알고 있기 때문이다. 남편의 긍정도, 부정도 아닌 반응에 나는 기분이 상한다. 남편은 배우는 걸 말리지는 않는다. 하지만 돈을 들여 배우면 그에 합당한 수익 창출로 이어져야 한다고 생각하는 지극히 현실적인 사람이다. 그와 반대로 나는 이것저것 다양하게 경험해 보고 배우다 보면 진정한 나의 것을 찾을 수 있다고 생각한다. '언젠가는 쓰일 곳이 있겠지'라고 생각하며.

어느 날 갑자기 퇴근한 남편이 말했다.

"요즘 사회복지사가 유망 직종이래!"

사회복지사에 관심이 없던 나였지만, 조용히 사회복지사에 관해 조사를 해보았다. 앞으로 많은 전문가를 필요로 하는 직종이었다. 우리나라도 지금은 복지 수준이 낮지만, 복지국가로 거듭나기 위해 노력하고 있다는 것도 알 수 있었다.

나는 도전하기로 했다. 이번엔 끝까지 할 수 있다는 것을 보여주고 싶었다. 우선 학원을 찾고 상담 신청을 했다. 다음 날 전화 한 상담사는 친절하게 설명해 주었다. 17과목의 이론수업과 160시간의 현장실습이 필수과정이었다. 육아맘으로서 한 달간의 현장실습이 조금 부담이 되는 부분이었다.

접수하고 개강 시기에 맞춰 공부가 시작되었다. 육아와 공부를 병행하기란 쉽지 않았다. 아이를 재우고 11시가 되어서야 비로소 강의를 들을 수 있는 시간이 생겼다. 졸린 눈을 비벼가며 강의를 들으니 무슨 말인지도 몰랐다. 아이는 엄마가 옆에 없으니 수시로 깨서 나를 찾았다. 아이를 다시 재우며 그냥 아이와 함께 자고 싶다는 생각이 절로 들었다. 나에겐 공부란 잠과의 전쟁이었다.

한 학기가 끝나고 다음 학기 등록하는 것이 고민이었다. 그만두고 싶은 마음이 굴뚝같았다. 2학기 과정에서 한 달간의 실습을 해야 했다. 그런데 코로나19로 모든 기관에서 실습생을 받아주지 않는 실정이었다. 실습할 곳을 찾던 중 친구의 지인이 동네에 있는 아동복지센터에서 실습을 했다는 얘기를 들었다. 나는 서둘러 그곳에 전화를 했다. 5명 모집하던 실습생을 코로나로 인해 2명만 모집한다고 했다. 빠르게 학원에 연락하고 지원서를 제출했다. 걸어서 5분 거리다 보니 놓치면 절대 안되는 기회였다. 다음 날 바로 전화가 왔다.

"다음 주부터 시간 괜찮으시면, 서류 준비해서 9시까지 오세요."

생각보다 빠르게 잡힌 실습에 기뻤다. 하지만 딸아이가 문제였다. 어린이집에 나의 상황을 설명하고 한 달간 하원을 6시 이후에 하기로 했다. 첫날의 실습을 마치고 아이를 데리러 어린이집으로 향했다. 지치고 추웠다. 나를 보자 딸아이는 글썽이는 눈으로 말했다.

"엄마, 내일부터는 데리러 오지 마! 나 버스 타고 집에 갈래."

마음이 약해졌다. 간절히 애원하는 딸아이를 두고 계속해야 하는

지, 고민이 많아졌다. 딸아이를 꼭 안아 주었다. 그리고 조금만 참아 달라고 부탁했다.

센터에서의 실습은 당황의 연속이었다. 초등학생들의 공부를 봐 주고, 놀이를 함께하고, 행정업무 보조가 주요 임무였다. 초등학생들의 문제집을 보는 순간 당황스러웠다. 저렇게 어려운 걸 어떻게 내가 가르쳐줘야 하나 겁이 났다. 그래서 최대한 1학년들 주위에만 있었다. 국어 받아쓰기를 지도하고, 알파벳 쓰기를 가르치며, 고학년은 멀리했다. 다행히도 공부를 전담하는 선생님이 따로 있었다. 공부를 마친 아이들과 보드게임을 했다. 맨날 게임에서 지는 나를 두고 아이들은 말했다.

"선생님, 너무 못해요."

철없는 녀석들이었다. 집으로 돌아와 바로 보드게임을 주문했다. 그리고 집에서 매일 연습했다. 그 덕분에 5살 딸아이도 보드게임을 좋아하게 되었다. 맹연습 덕분에 아이들과 보드게임을 하는 것이 재미있어졌다. 그래도 아이들을 이길 수는 없었다. 아이들은 AI 로봇 같았다.

아이들과 함께 놀며 실습은 마무리되었다. 딸아이는 다시 4시에 버스를 타고 하원을 했다. 무탈하게 나는 3학기를 이수하였고, 자격증이 등기로 날아왔다. 인증 사진을 찍고 자랑이 빠질 수 없었다. 나 스스로 너무나 대견했고, 포기하지 않고 견뎌낸 나에게 상을 주고 싶었다.

고티에 다비드·마리 꼬드리의 그림책 《세상 끝에 있는 너에게》에는 사랑하는 사이인 곰과 새가 나온다. 새는 따뜻한 남쪽 나라로 떠났고, 곰은 겨울잠을 준비해야 하지만 새를 찾아 떠난다. 곰은 새를 만나기 위해 멀고도 험한 길을 참고 인내한다. 그리고 어렵게 새가 있는 곳에 도착하지만, 그곳엔 새는 없었다. 서로 길이 어긋난 것이다. 결국엔 친구들의 도움을 받아 둘은 다시 만나게 되고 꼭 안으며 끝이 난다. 곰이 새를 만나기 위한 험난한 과정이 꼭 나와 같았다. 힘든 강의와 실습을 참고 이겨내어 자격증을 받아 행복해진 나. 끝까지 견디면 원하는 걸 얻을 수 있다는 것을. 나는 자격증만 얻은 것이 아니었다. 쉽게 포기하던 나의 단점을 극복하고 자신감도 함께 얻었다.

자신감의 크기가 성공의 크기라는 말이 있다. 하나의 목표를 이루고 나니 용기와 자신감이 생겼다. 그리고 또 하나의 목표를 만들었다. 그것이 글 쓰는 작가이다.

"엄마, 작가 될 거야!"

딸아이 앞에서 작가가 되겠다고 선언을 했다. 엄마가 하는 모든 것을 따라 하려는 아이도 같이 작가가 되겠다고 한다. 비록 다섯 살이지만 옆에서 지지하고 따르는 사람이 있으니 더욱 용기가 생긴다. 이젠 쉽게 포기하는 사람이 아닌 무엇이든 할 수 있는 사람이 되고자 한다. 나는 충분히 해낼 수 있음을 알게 되었다. 나 자신에게 믿음이 생겼고, 자신감도 커졌다!

제 5 장

당신에게 그림책을 권합니다

29

누구나

김수민

원래 그림책은 아이를 위한 것이었다. 어른이 아이들에게 더 넓은 세상을 보여주기 위해 만든 책이다. 그래서 많은 교훈도 담겨 있다. 아이들은 그림책에 나오는 주인공의 이야기에 잘 몰입한다. 글이 적고 그림도 많아서 아이들이 짧은 시간 동안 집중하기 좋다. 하지만 이런 관심도 잠시뿐이다. 초등학교 고학년만 되어도 그림책을 시시하게 느끼는 아이들이 많아지기 시작한다. 부모님은 자녀의 독해력을 위해 그림책보다 두꺼운 책을 권한다. 어른도 나이가 들수록 자기계발서나 전문지식이 담긴 책을 원한다. 자녀가 생기기 전까지는 그림책을 등한시 여긴다. 나도 그랬다. 그림책은 아이들이 보는 것이라는 선입견이 있었다. 청소년 시절에도 눈여겨보지 않았다.

하지만 시대가 변했다. 그림책은 이제 아이를 교화하려는 목적으로만 만들어지는 책이 아니다. 그림책을 좋아하는 어른들이 늘어나고 있다. 그래서 어른을 대상으로 메시지를 전달하는 그림책이 많아졌다. 어른들은 그림책이 건네는 선물을 발견하며 따뜻해진 마음을 어루만진다. 위로와 공감, 시간과 장소에 대한 향수를 느낀다. 그래도 여전히 온라인 서점에 가면 그림책은 '유아'나 '어린이'로 분류된다. 당연하지만 속상하다. 카테고리에 그림책이라는 장르가 따로 있었으면 좋겠다. 물론 여전히 엄마의 말을 잘 듣는 법, 친구를 잃어버리지 않는 법을 아이의 눈높이에 맞춰 설명하는 그림책이 많다. 하지만 조금만 관심을 가지면 어른을 위한 보석 같은 그림책을 발견할 수 있다.

그림책은 모든 것이 꼼꼼히 기획되어 설계된 건축물과 같다. 그림책도 처음에는 전체적인 설계도를 만든다. 작가들은 나만의 설계도를 참고해서 여러 가지 방법으로 작품을 만든다. 그림책의 균형을 위해 글의 양이나 어미 하나까지도 조절한다. 그림의 크기, 여백, 색의 조합 등 신경 써야 하는 것이 많다. 글에서는 드러내지 않고 숨겨둔 것들을 그림에서 어떻게 어울리게 풀어낼지 고민한다. 그림의 형식이나 책의 크기에도 제약이 없어서 표현의 폭이 넓다. 다양한 재료를 사용할 수 있기에 세계 곳곳에서 그림책으로 예술을 구현하는 작가들도 있다. 이제 그림책은 하나의 장르가 되었다. 나는 그림책을 아이나 부모에게만 권하고 싶지 않다. 그래서 다양한 사람들에게 여러 가지 그림책을 권하고자 한다.

첫째, 시간이 금인 분들에게

그림책을 처음 읽을 때 대체로 5분 정도 소요된다. 물론 천천히 들여다보며 읽는 것이 좋지만, 서점 책꽂이 앞에 서서 그렇게 하기가 쉽지 않다. 일단 전체적인 문체나 그림체가 마음에 들어야 책을 사기 때문에 빨리 후다닥 넘겨본다. 시처럼 함축적인 글이 많고 글의 양이 일반적인 소설보다 짧다. 마음에 드는 그림책을 만나 집에 와서 차근차근 곱씹으며 읽어도 오래 걸리지 않는다. 적은 시간으로 얻을 수 있는 감동이 제법 크다. 문득 다시 읽고 싶을 때도 전혀 부담 없이 언제든 꺼내 읽을 수 있다. 늘 바쁘게 살아서 시간이 없지만, 메마른 마음을 지양하는 사람들에게 좋은 장르 중 하나다.

둘째, 영감을 얻고 싶은 분들에게

그림책에는 넘쳐나는 아이디어가 많다. 볼 때마다 어떻게 이런 표현을 생각해냈는지 놀랍다. 신선한 충격을 받을 수 있다. 《검정 토끼》에는 숲에서 뛰어노는 검정 토끼가 실제로는 쓰레기봉투였다는 반전이 있다. 《사라지는 것들》은 살면서 일시적으로 존재하는 상처, 우울, 음악, 새장, 머리카락 등을 트레이싱 종이에 표현했다. 종이가 가지는 재질적 특성을 이용해 사라지는 것들을 직관적으로 표현한 아이디어는 대단하다. 《상자 세상》에서는 우리가 버린 택배 상자가 아파트 높이만큼 군데군데 쌓여 세상을 먹어 치운다. 신호

등, 전봇대, 자동차 등을 우걱우걱 씹어 먹는 장면은 귀엽게 표현되어 있지만, 환경에 대한 경각심을 느끼기에 충분하다. 이 외에 수많은 그림책에서 이런 빛나는 생각을 엿볼 수 있다.

셋째, 보물찾기를 좋아하는 분들에게

그림책에서 글과 그림은 공생관계다. 서로를 도와주며 짧은 이야기의 균형을 잡는다. 그림이 글의 보조 역할을 할 수도 있지만, 그림책에서는 그림이 이야기를 이끄는 역할을 많이 한다. 글에서는 나오지 않은 이야기를 그림에 숨겨서 표현할 수 있다. 그림은 이야기를 연결하는 징검다리가 된다. 독자는 보물찾기하듯이 숨겨진 작가의 의도를 쏙쏙 찾아야 한다. 숨은 이야기를 찾는 만큼 책에 대한 이해가 넓어진다. 나만의 이해의 축이 된다. 사람마다 해석도 다르다. 다양한 해석을 모아 같이 이야기꽃을 피우면 참 재미있다. 찾을 때마다 희열도 있다. 새로운 발견을 좋아하는 분에게 더없이 좋은 장르다.

넷째, 다양한 예술을 사랑하는 분들에게

그림책은 날이 갈수록 예술 작품이 되어가고 있다. 백희나 작가는 종이, 천, 나무 등 다양한 재료를 사용하여 배경부터 등장인물까지 모두 직접 만든다. 그리고 사진 찍은 컷을 모아 그림책을 채운다. 색연필로 칠한 익숙한 그림이 아니다. 애니메이션화된 그녀의 그림책들을 볼 때마다 늘 작가의 수고로움을 생각하며 천천히 읽는다. 비발디의 〈사계〉 중 '여름'에서 모티브를 얻은 《여름이 온다》는 클래식을 틀어놓고 읽어야 제맛이다. 노래를 들으면서 이수지 작가가 왜 이런 표현을 했는지 추측하다 보면, 두꺼운 그림책이 술술 넘어간다. 책에서 공감각이 느껴진다. 그림책에서 오케스트라의 선율이 들린다. 《나비부인》은 병풍 형식의 책인데, 다 펼치면 무려 십 미터가 넘는다. 병풍 뒤에 연필과 물감으로 벽화를 그려놓은 듯한 그림들이 눈을 뗄 수 없을 만큼 화려하다. 오페라에서 보던 '나비부인'이 그림책에서 살아 움직인다. 그래서 예술을 사랑하는 분들에게 그림책을 추천하고 싶다.

다섯째, 감성이 필요한 분들에게

그림책은 감성 그 자체다. 나의 경험에 비추어 많은 생각을 할 수 있게 도와준다. 등장인물들이 생생하게 그림으로 그려져 있어서 훨씬 실감이 나고 공감도 잘된다. 나의 경험도 잘 떠오른다. 글이 짧아서 그림책의 여백에 내 생각이 떠돌아다니는 기분이 든다. 그림책으로 잊고 지냈던 덕목도 많이 깨닫는다. 그림책에는 추상적인

가치나 덕목이 어렵게 표현되지 않고, 쉬운 이야기로 녹아있다. 다가가기 쉽다. 하지만 고민할 내용도 많다. 안녕달의 《눈, 물》, 아네테 멜레세의 《키오스크》, 하이케 팔러 《100 인생 그림책》을 읽을 때 그랬다. 앞으로 살아가면서 어떻게 늙을 것인지 고민하게 되었다. 무엇을 버리고, 어떤 것을 지키며 살아가야 할지 생각할 수 있도록 물꼬를 틀어주는 그림책도 있다.

남녀노소 모두가 그림책을 읽으면 좋겠다. '그림책 뭐 별 내용 있을까?' 하는 선입견을 버리고 가벼운 마음으로 그림책 판매대를 기웃거렸으면 좋겠다. 현실적인 주식, 돈, 육아에 관한 책이 당연히 인기가 좋을 수밖에 없다. 많은 사람이 '그림책은 성공을 위해 필요하지 않다.'라고 생각할 수도 있다. 겉으로 보이는 성공도 중요하지만,

마음의 성장도 중요하다고 생각한다. 그림책은 이를 위해 더없이 좋은 장르다. 당신은 그림책에 점점 빠져들게 될 것이다. 그리고 어느 날, 그림책을 한 권씩 수집해서 책장에 꽂고 있는 자신의 모습을 보게 될 것이다.

30
아이의 마음

송진설

좋은 엄마가 될 수 있을 거라 자신했다. 봄 햇살처럼 아이 마음을 따스하게 비춰주는 엄마. 내 사랑을 받은 아이는 사랑의 온기로 가득한 아이. 내가 바라는 모습이었다. 남매가 '우리 엄마 최고!'라고 엄지 척을 하는 상상을 하면 흐뭇했다. 하지만 아이를 키우며 좋은 엄마 되기가 어렵다는 걸 알았다. 초보 엄마일 때도 매 순간 어려웠다. 아이들이 열 살, 열세 살이 된 지금도 마찬가지다. 아이를 위한 결정이지만, 때론 마음이 아플 때도 있었다.

학교에서 돌아온 첫째와 둘째는 그날 있었던 일을 앞다퉈 얘기한다. 들어보면 구구절절하다. 중간에 잠깐이라도 놓치면 이야기 흐름이 끊긴다. 딴짓하지 않고 잘 들어야 한다. 그럴 땐 '천사 엄마'

라며 한참 동안 이야기보따리를 풀어 놓는다. 금방 끝나지 않는 이야기를 듣다 보면 어느새 나도 모르게 흘려듣게 된다. 아이는 자기 얘기를 귀담아 들어주지 않는 걸 눈치채면 서운한 속내를 내비친다. 하지만 난 아이를 사랑했고, 이해하고 싶었다. 내 아이의 마음이 궁금했다. 아이와 소통이 잘되길 원했다.

"엄마는 내 마음도 모르면서!"

시은이가 울먹이며 말했다. 우는 딸을 보니 나도 마음이 좋지 않았다. 전날 저녁 8시, 준한이가 농구를 하다 손가락을 다쳤다. 밤새 욱신거린다며 아파했다. 다음 날 아침 일찍 포항에서 큰 병원의 정형외과로 갔다. 병원에 가서 접수하고 진료를 보았다. 네 번째 손가락에 금이 갔다. 반깁스를 하고 돌아왔다.

잘 시간이 되었다. 그날은 딸 방에서 둘이 같이 자기로 한 날이었다. 아들이 베개를 들고 딸 방으로 들어왔다. 준한이도 엄마랑 같이 자고 싶다고 했다. 아플 때는 엄마 옆에서 자야 마음이 놓인다고 말했다.

"오빠는 오빠 방에서 자야지."

시은이 목소리에서 속상함이 묻어났다. 나는 그러지 말고 셋이 같이 자자고 말했다. 딸은 울먹이기 시작했다. 오빠가 손가락을 다쳐 아픈데 혼자 자면 마음이 어떻겠냐며 계속 이해시키려고 했다. 나도 모르게 목소리가 점점 커졌다. 딸은 더 큰 소리로 말했다. 자기 마음을 이해해 주지 않는 엄마가 서운하다고 했다.

"엄마랑 단둘이 누워 얘기 나누고 싶었어."

시은이의 서운함은 당연한데, 나는 오빠 마음을 이해해 주자고만 했다.

아이의 마음이 궁금할 땐 그림책에 기댄다. 그림책 한 권이면 충분하다. 허은미 작가가 글을 쓰고 오정택 작가가 그림을 그린 《착한 엄마가 되어라, 얍!》을 펼친다. 말을 잘 들어주고, 아이가 원하는 건 척척 알아맞히고, 언제나 잘 웃어주고, 품이 넓으며, 맛있는 음식을 뚝딱 잘 만들어 주는 것이 착한 엄마라고 말한다. 그리고 착한 동생 많이 낳아주고, 언제 어디서나 자신을 지켜주는 엄마가 최고라고 한다. 그러면서 아이는 자기 엄마가 착한 엄마가 아닐지도 모른다고 말한다. "수리수리 마수리 착한 엄마가 되어라, 얍!" 하고 마술을 걸면 착한 엄마가 되기도 한다. 하지만 주인공은 착한 엄마가 아니어도 좋으니 그냥 엄마가 좋다고 말한다. 아이의 마음이 잘 표현된 그림책이다. 반전도 있다. 그림책을 다 읽고 나서 책을 덮는다. 뒤표지가 눈에 들어온다. 엄마가 아이에게 마법의 주문을 외운다. "착한 아이가 되어라, 얍!" 아이와 엄마의 마음을 모두 사로잡는 그림책이다.

그림책을 읽으며 주인공의 생각과 행동을 읽는다. 마음을 들여다보고 함께 웃는 시간이다. 그림책을 어떻게 읽느냐에 따라서 아이의 마음을 알 수 있다. 아이의 마음을 간절히 알고 싶은 부모가 대부분일 것이다.

나 또한 그림책에 푹 빠졌던 이유이기도 하다. 남매의 마음을 알고 싶었다. 한 권의 그림책으로 충분히 대화를 나눌 수 있었다. 기질과 성향이 똑같은 아이는 없다. 남매도 너무나 달랐다. 그래서 육아에는 정답이 없다는 것을 깨달았다. 최고로 좋은 엄마가 되겠다는 지나친 욕심은 내려놓는다. 그림책을 함께 보며 이야기를 나눈다. 《착한 엄마가 되어라, 얍!》을 읽어주며 시은이에게 착한 엄마는 어떤 엄마인지 물었다.

"내 편 들어줄 때 착한 엄마라고 느껴져."

자신의 편을 들어줄 때 사랑을 느낀다고 했다. 자기 마음을 이해해 주면 행복하다고 한다. 딸의 말을 듣고 내가 주어야 할 사랑에 대해 생각해 본다. 둘만 함께하는 시간은 엄마에게 사랑받고 있다는 걸 느낄 수 있는 시간이었다. 내 중심에서 벗어나 아이의 눈높이에 맞춰야 한다. 그림책을 읽으며 아이의 시선에서 바라보게 된다.

《혼날까 봐 그랬어》도 아이의 마음을 들여다볼 수 있다. 앞표지를 넘기면 면지에 지친 듯 계단을 오르는 할머니의 모습이 회색빛으로 표현되어 있다. 문을 열고 들어서자마자 지저분해진 집안을 보고 놀란다. 고작 몇 분 나가 있었는데 어떻게 집안 꼴이 이렇게 되었는지 아이를 다그친다. 아이는 고양이 핑계를 대었다가, 갑자기 옆집 아이가 그랬다고 한다. 그러다 자기 손이 그랬다며 거짓말을 한다. 그리고 내가 한 일이 아니라며 난처한 표정을 짓는다. 할머니는 거짓말하면 혼난다며 무서운 표정으로 꾸짖는다. 아이에게

속 시원한 대답이 나오지 않자 나쁜 거짓말을 한다며 화를 낸다. 이제 피노키오처럼 코가 길어질 거라는 거짓말까지 하는 할머니를 보게 된다. 그때 할머니의 눈에 용이 들어온다. 집안을 엉망으로 만들어 놓았던 건 용이었다. 아이는 사실대로 말해도 할머니가 믿어주지 않을 거라 생각하고는 거짓말을 하게 되었다. 작가는 아이들에게 진실은 언젠가 드러나니 용기 내서 말하라고 한다. 어른에게도 아이들을 이해하고 믿어주라고 말한다. 어른의 시각으로 왜곡해서 받아들이지 말라며 조용히 속삭인다.

상대방을 이해하는 것은 그 사람의 말과 행동을 인격적으로 존중하는 것이라고 조나단 로빈슨 작가가 말했다. 상대방이 옳다고 믿고 있는 사실을 충분히 인정하고 귀 기울여 주며 받아들이라는 것이다. 존중은 이해와 믿음이 바탕이 되어야 한다. 아이의 시선과 입장에서 바라보아야만 진정으로 그들의 마음을 이해할 수 있다.

오늘도 그림책을 읽어 준다. 오롯이 사랑하는 마음으로 그림책을 펼치고 아이와 함께 시간을 보낸다. 오늘의 작은 노력이 조금씩 쌓이면 내일은 더 많이 이해하고 존중해 줄 수 있을 것이다. 천사 엄마가 되기 위해 내가 선택한 방법은 남매의 마음을 들여다보려고 애쓰는 것이다.

좋은 엄마가 되고 싶은 사람들에게 그림책을 권한다. 주인공이 마음을 솔직하게 표현하는 장면을 만나길 바란다. 그 속에서 아이와 소통하는 길이 보이리라 믿는다.

31
오늘의 그림책

차은주

그림책을 만나기 전과 만난 후 나의 삶은 완전히 달라졌다. 그림책은 나를 세상속에서 우뚝 서게 했고 단단히 묶어두었던 마음의 문을 열어 내 뜻을 펼치게 해주었다. 그림책의 효과를 뼛속까지 느끼며 성장한 나로서는 누구든 언제든 그림책을 만나보라고 말해주고 싶다. 시간, 공간에 구애받지 않고 감동과 재미를 선물 받게 될 것이다. 나와 다른 생각들, 나의 마음 들여다보기, 그리고 휴식이 필요하다면 이번에 소개할 네 권의 책을 꼭 만나보길 바란다.

'나의 특별함을 찾다'

동명의 가족 뮤지컬을 그림책으로 만든 강산 작가의 《드래곤 하이》를 만났다. 우린 가끔 태어난 이유에 대해 고민해 본다. 특히 자신의 못난 모습이 보이거나 남들과 다른 모습으로 인하여 상처를 받게 되면, 나의 존재에 대해 부정하게 된다. 그림책 속에는 조금 다르게 생긴 아이, 하이가 있었다.

하이는 태어날 때부터 용처럼 머리에 뿔이 있고 꼬리가 있었다. 하이가 지나가면 사람들은 뒤에서 수군거린다. 동생 로우는 사람은 누구나 다르게 생겼다고 하이 편을 들어주고 마음을 달래 준다. 어느 날, 하이는 자신이 용일지도 모른다고 생각하고 용의 나라를 찾아 떠난다. 하이는 그곳에서 자신은 용과도 다르다는 것을 알게 된다. 하지만 아픈 할아버지 용을 위하여 미역을 따고 끓이는 과정에서 하이만의 따뜻한 마음과 특별함이 있다는 것을 깨닫게 된다. 하이의 특별함은 따뜻한 마음이었다.

사람들은 자신에게 '특별함'이 있다는 것을 모르고 살아간다. 나는 '특별함'에 대해 생각해 봤다. 학원에서 수업을 듣는 7살 혜선이는 무엇이든 긍정적으로 생각한다. 얼마 전 킥보드를 잃어버렸는데 친구가 잠깐 탔다가 깜박 잊고 제자리에 가져다 두지 못했을 거라고 말했다. 7살 민주는 발표할 때 긴장을 많이 한다고 했는데 막상 무대에서는 전혀 긴장한 모습이 보이지 않았고, 오히려 더 잘했다. 민주는 무대 체질 발표 대장이었다. 나는 그림책이 좋았고, 누군가에게 읽어주는 일을 좋아했다. 그림책을 읽으면 내 마음이 보였고, 아이들의 마음도 보였다. 아이가 슬픈지, 행복한지, 무엇을 원하는지 보였다. 내가 할 수 있는 일에서는 언제나 아이들을 돕기 위해 노력했다. 이런 마음과 행동이 혜선이와 민주, 그리고 나의 특별함이었다. 특별함은 내 안에 있었고, 스스로 만들어 낼 수도 있는 것이었다. 그림책을 읽고 내 마음을 들여다보며 나의 특별함을 찾아보면 좋겠다.

'고정관념을 버리다'

김현태 작가의 《검은색만 칠하는 아이》에서 주인공 미카엘은 미술 시간에 검은색 크레파스로 하얀 도화지를 채우고 있다. 벌써 몇 장째 검은색으로 칠하기만 한다. 선생님은 그런 미카엘을 이상하게 생각했다. 나도 검은색을 주로 사용하는 아이들을 보면 '마음에 어두운 그림자가 있는 걸까?' 걱정하고는 했었다. 드디어 미카엘이 색칠을 멈추었다. 검은색 도화지를 연결하여 완성한 것은 한 마리의 큰 고래였다. 아이들과 선생님은 완성된 그림을 보고 모두 놀란다. 나 역시 고래를 보고 깜짝 놀랐다. 그 후 나는 색은 누군가의 마음이 아니라 보이는 색일 뿐이라는 것을 깨닫게 되었다. 그리고 색칠을 할 때 나무는 갈색과 초록, 사과는 빨강이라는 일반적인 색 선택을 하지 않게 되었다. 전혀 다른 선택을 해본다는 것은 설렘도 있었고, 재미있는 활동이기도 했다. 누군가 엉뚱한 색을 선택하면, 아이들은 서로 모방하고 한발 더 나아가 새로운 창조를 하게 된다. 색에 대한 고정관념이 완전히 날아가 버린 날이었다. 고정관념을 버리는 것, 그림책은 늘 그것을 해내도록 우리를 돕는다.

'죽음도 삶의 일부이다'

요즘 관심을 두기 시작한 분야가 '웰 다잉(Well-Dying)'이다. 웰 다잉이란 품위 있고 존엄하게 생을 마감하는 일이라고 사전에 정의되어 있다. 웰 다잉을 알게 된 것은 한 권의 그림책 때문이었다.

작년 여름 마거릿 와일드 작가의 《할머니가 남긴 선물》을 만났다. 그림책의 표지에는 할머니 돼지와 손녀 돼지가 노을빛으로 물든 호수에서 배를 타고 있었다. 아름답고 잔잔한 행복이 느껴졌다. 어느 날 할머니 돼지는 자신에게 죽음이 다가왔음을 알고 삶을 정리하기 시작한다. 은행의 통장을 해지하고 외상값도 갚고 전기세도 냈다. 남은 돈은 손녀의 지갑에 넣어주었다. 그리고 지혜롭게 쓰라고 말해 주었다. 할머니 돼지는 손녀 돼지와 천천히 마을을 거닐며 꽃과 나무와 하늘을 바라보았다.

"새들이 재재거리는 소리 들리니? 아아, 따스한 흙냄새. 우리 이 비 맛 좀 볼까?"

햇살에 반짝이는 나뭇잎, 연못에 비친 정자, 수다쟁이 구름을 통해 세상이 얼마나 아름답고 삶이 소중한 것인지 손녀 돼지에게 알려주는 것, 이것이 할머니의 마지막 선물이었다. 할머니가 떠나고 손녀는 할머니의 죽음도 삶의 일부임을 받아들이고 오늘을 열심히 살아간다. 나는 세상에 하나뿐인 가족의 죽음에 흔들림 없이 살아가는 손녀 돼지를 보며 죽음에 대한 이해가 달라졌다. 우리의 인생은 죽음을 맞이하는 하나의 과정속에 있는 것이다. 그로 인해 오히려 삶을 찬미하고 소중하게 생각할 수 있는 것이었다. 죽음이 있기

에 삶은 더욱 값진 것이다.

'불가능은 없다'

변지현 작가의 《아프리카 스키선수》는 꿈을 향해 나아가는 한 소년의 이야기다.

표지에는 온몸이 상처투성이인 아이가 늘어지게 잠을 자고 있다. 방 안에는 오륜기와 스키선수의 액자, 그리고 나무로 만든 스키가 있다. 설마 주인공의 꿈이 스키선수는 아니길 바라며 뒷장을 넘겼다. 주인공 마하마네의 꿈은 세계 최고 스키선수가 되는 것이었다. 친구들은 그 꿈을 비웃었다. 하지만 마하마네는 나무 스키로 모래 언덕을 타며 끝까지 포기하지 않는다. 어른들의 질타와 따가운 시선에도 전혀 아랑곳하지 않았다. 이런 마하마네의 노력은 인스타그

램을 통해 전 세계인들에게 감동을 주게 되고 얼마 뒤 올림픽에 초대되어 성화를 들고 스키를 신고 무대에 서게 된다. 조그마한 아프리카 소년이 해낸 일은 놀라운 일이었다. 불가능한 꿈을 꾸는 마하마네와 가능한 꿈조차 꾸지 않는 나의 모습은 너무도 달랐다. 해보지도 않고 포기했던 일들이 떠올랐다. 언젠가부터 나에게 새로운 도전은 귀찮고, 힘든 일이 되어 버렸고, 편리함에 익숙해져 초심을 잃고 말았다. 나의 꿈이 무엇이었는지 다시 고민해 보게 되었다. 나는 나의 공연장을 갖고 싶었다. 아이들을 무대 위 주인공으로 만들어 자존감을 높여주고, 다양한 무대를 함께 꾸며보고 싶었다. 장소가 협소하고 여러 여건이 되지 않아 늘 포기했었다. 하지만 지금은 내 꿈은 반드시 이루어진다고 믿는다. 이미 내 꿈을 이루기로 마음먹었기 때문이다.

한 권의 그림책을 읽는데 꽤 많은 시간이 필요한 날도 있다. 가끔 이렇게 내 이야기 같고 몰랐던 걸 알게 되고 잃어버렸던 무언가를 찾을 때는 더욱 그렇다. 아무도 가르쳐주지 않는 인생 수업을 그림책을 통해 배웠다. 앞으로도 나는 그림책과 함께 인생길을 걸어갈 생각이다.

32

생명은 모두 존중받아야 한다

최서원

비 오는 출근길이었다. 무슨 이유였는지 평소보다 30분 일찍 남편과 함께 집을 나섰다. 빌라 현관에서 우산을 펴는 순간 운명처럼 강아지 한 마리가 우산 안으로 들어왔다. 마치 영화와 같았다. 미용을 예쁘게 한 몰티즈 강아지였다. 나는 얼른 그 녀석을 안아 올렸다. 옆에 있던 남편이 강아지 키울 생각하지 말라고 으름장을 놓았다. 나는 강아지와 함께 출근을 했다. 나의 책상 밑에 방석을 깔아 자리를 마련해 주었다. 퇴근 후 주인을 찾아줄 생각이었다. 일을 마치고 동네 동물 병원을 찾아갔다. 양쪽 귀에 염색까지 되어 있는 걸 봐서는 절대 버림받은 것이 아니라고 생각했다.

주변엔 동물 병원이 하나밖에 없다. 그래서 쉽게 주인을 찾을 수 있을 것 같았다. 하지만 병원에서는 처음 보는 강아지라고 했다. 입을 열어 이빨을 관찰한 후 2년 정도 된 성견이라고 말해주었다. 나는 주인 찾기를 포기했다. 그리고 퇴근한 남편과 함께 사료, 패드 등 강아지 용품을 사러 마트에 갔다. 아침과는 다르게 남편은 아무 말이 없었다. 무언의 허락이었다. 의지할 곳 없이 타지에서 외롭게 지내는 나를 위한 결정이었으리라 생각했다. 강아지에게 '동이'라는 이름을 지어주었다. 그 후로 동이는 나의 반쪽이 되어 외롭던 부산 생활에 활력을 가져다주었다. 우리는 산책도 하고, 운동도 함께 하며 항상 같이 다녔다.

동이를 만나고 한 달 뒤, 현관 우편함 밑 상자에 담겨 버려진 미니핀 한 마리를 발견했다. 딱 봐도 태어난 지 얼마 되지 않은 아기 강아지였다. 나는 빠르게 동물 병원으로 데려갔다. 병원에서는 이 녀석의 주소를 알고 있을 것 같았다. 하지만 의사 선생님은 처음 보는 녀석이고 태어난 지 두 달 채 되지 않았다고 했다. 살짝 난감했다. 녀석의 상태를 살펴보니 피부병이 심해서 버림을 받은 것 같았다. 어쩔 수 없이 집으로 데려갔다. 키울 사람을 모색해 보기로 하고, 그때까지 임시 보호를 하기로 했다. 이 미니핀의 이름은 '콜라'라고 지어주었다. 단순한 작명이었지만 마음에 들었다.

콜라는 일주일가량 동이와 함께 생활했다. 그 후 포항에 사는 언니네 집으로 가게 되었다. 언니는 이 핏덩이 콜라에게 죽을 먹여가며 정성껏 돌봐 주었다. 그리고 콜라는 지금까지도 잘 지내고 있다. 이젠 할머니가 된 콜라는 언니의 껌딱지가 되었다.

그해는 정말이지 이상했다. 자꾸자꾸 유기견들이 나의 주변에 나타났다. 한번은 남편과 거제도로 드라이브를 하러 갔다. 한 바퀴 돌다 잠시 전망 좋은 곳에 주차를 했다. 그런데 갑자기 강아지 다섯 마리가 우리를 향해 달려오는 것이었다. 주변을 살펴보니 라면상자 하나가 보였다. 누군가가 상자에 다섯 마리를 담고 와서 이곳에 버린 것이었다. '빌어먹을!' 욕이 나왔다.

살아있는 생명체를 이렇게 쉽게 버리다니, 난 사람들의 이기심에 화가 치밀어 올랐다. 어떻게 해야 할지 고민을 했다. 그리고 충북 괴산에 계시는 시어머니께 전화를 드렸다.

"어머니! 강아지 다섯 마리를 주웠어요. 혹시 키울 사람 있을까요? 아직 아기예요."

"일단, 여기로 데리고 와!"

어머니의 말씀을 듣고 우리는 거제도에서 괴산으로 달렸다. 4시간 가량 달려 어두워질 무렵 우리는 어머니 댁에 도착했다. 강아지 중에는 장거리 드라이브에 지쳐 토한 녀석도 있었다. 그래도 다섯 마리 모두 건강해 보였다. 한 마리는 어머니께서 키우고, 나머지 네 마리는 이웃분들께 분양을 했다. 이렇게 우리의 강아지 구하기 작전은 무사히 마무리되었다.

부산을 떠나 이곳으로 이사를 온 지도 벌써 몇 년이 지났다. 이곳에서도 유기견 한 마리와 인연이 닿아 '미미'라는 이름을 지어주고 지금까지 함께하고 있다. 그리고도 몇 마리를 더 만났다. 그 후 만난 녀석들은 남편의 회사에서 임시 보호를 하다 거래처 사람들에게 모두 분양을 했다. 계속되는 강아지들과의 인연으로 남편은 한숨을 쉬며 이젠 제발 강아지를 데리고 오지 말라고 했다.

동물들을 유기했던 사람들에겐 저마다 이유가 있었을 것이다. 하지만 그 어떠한 이유도 생명체를 버린다는 건 이해 받을 수 없는 행동이다. 처음부터 키우지 않으면 모를까. 키우다 버리는 건 나의 상식으로는 이해가 되지 않는다.

조원희 작가의 《콰앙!》이라는 그림책이 있다. 갑자기 밖에서 쾅 하고 소리가 들린다. 사람들이 모여들었다. 아이가 다친 것이다. 아이의 엄마가 달려왔다. 그리고 119가 달려왔다. 경찰차도 달려왔다. 그리고 얼마 후 다시 쾅 하는 소리가 났다. 사람들이 모여들었다. 고양이가 차에 치인 것이다. 사람들은 모두 사라졌다. 이 책을 보고 난 후 마음이 씁쓸했다. 주변에서 흔히 볼 수 있는 아주 현실적인 이야기다. 사람들은 동물들의 목숨에는 큰 관심이 없다. 그런 이유로 주변에 유기동물들이 눈에 띄게 늘어나고 있는 것이 현실이다.

하이타니 겐지로의 《로쿠베, 조금만 기다려》라는 책에서 구덩이에 빠진 로쿠베라는 강아지를 아이들이 구하려고 모여들었다. 하지만 아이들의 힘으로는 버거운 일이었다. 어른들에게 도움을 청했다. 어른들은 사람이 다친 게 아니라 다행이라며 집으로 돌아갔다.

아이들은 화가 났다. 어른들에게 실망한 아이들이 머리를 굴려 어렵게 로쿠베를 구해내는 이야기다. 어른들의 행동에 화가 났지만, 끝까지 구해내려 힘을 합치는 아이들의 행동에 희망을 보았다.

에이브러햄 링컨은 말했다.
"나는 인간의 권리만큼 동물의 권리도 소중하게 생각한다. 그것이 모든 인류가 나아가야 할 길이다. 그리고 나는 개나 고양이를 제대로 대접해 주지 않는 인간의 종교에는 별 흥미가 없다."
어떠한 이유에서건 생명을 함부로 대한다는 잘못된 행동이다. 그것이 사람이건, 동물이건 간에 생명은 똑같이 소중하다. 반려동물과 끝까지 함께할 자신이 없다면 처음부터 키우지 않기를 바란다. 그리고 함께하기로 약속을 했다면 어떠한 일이 생겨도 그 약속은 꼭 지켜야 한다. 동물들은 처음엔 예뻐하다 싫증이 나면 버리는 장난감이 아니다.

홀로 외롭게 사는 어르신들에겐 동반자가 되어 주고, 집에서 부모님이 퇴근하기를 기다리는 아이들에겐 친구가 되어 준다. 그리고 한번 맺은 인연을 소중히 생각하고 의리를 끝까지 지키기도 한다. 그런 동물들에게 우리도 의리를 지켜야 함이 마땅하다. 그리고 아직도 동물보호센터에서 새로운 인연을 기다리는 동물들이 가득하다. 버림을 받아 상처를 입었음에도 우리가 먼저 손을 잡아주기만을 기다리고 있다. 이젠 우리가 의리를 지켜야 할 시기이다!

33
그림책을 읽는 나만의 비결

김수민

　그림책을 재미있게 읽는 비법은 '소통하는 것'이다. 여러 사람과 함께 읽고 그림책 내용이나 작가에 대해 이야기를 나누는 단순한 방법이다. 그 후 달라진 나와 또 한 번 소통하며 읽을 때 작은 성장을 느낄 수 있다. 그런 경험들이 쌓이면 서점을 갈 때마다 꼭 그림책 판매대에 들르게 된다. 아이들과 그림책을 읽다 보면 신기한 이야기가 쏟아진다. 내가 느꼈던 마음과 비슷할 때도 있고, 다를 때도 있다. 어른과 읽을 때도 마찬가지이다. 단순히 재밌어서 공유한 그림책이 타인에게 큰 울림을 줄 때, 그 책이 다시 보인다. 소통하며 읽으면 타인의 삶에 귀 기울일 수 있고, 그 사람에 대한 이해의 폭도 넓어진다. 그림책을 함께 읽는 기회를 많이 만드는 것이 재미에 닿기가 쉽다.

6명이 정원인 작은 학급을 맡을 때였다. 아이들과 함께 여러 가지 그림책을 읽고 등장 인물에게 편지쓰기 활동을 했다. 그런데 갑자기 이 편지를 진짜로 주인공에게 보내고 싶다는 생각이 들었다. 아이들도 예쁜 편지지를 골라서 또박또박 옮겨 썼다. 스티커도 가져와서 정성스럽게 꾸몄다. 우체국에 가기 전, 답장이 안 올 수도 있다고 얘기해 줬다. 다들 의연하게 괜찮다고 했다. 편지를 보냈다는 사실이 잊힐 때쯤, 작은 상자 하나가 학교에 도착했다. 5개의 출판사에 편지를 보냈는데, 그중 한 작가가 직접 소포를 보냈다. 그 안에는 그림책 주인공의 말투가 담긴 짧은 쪽지와 작은 선물이 들어 있었다. 선물을 열어보니 주인공이 늘 끼고 다니던 문방구 반지와 색종이로 접은 개구리가 들어 있는 캡슐이었다. 선물을 받은 여자아이는 교실을 뛰어다니며 소리를 질렀다. 남자아이는 온종일 그 개구리를 튕겼다. 다른 아이들은 옆에서 졸졸 따라다니며 부러워했다. 그다음 날, 여자아이의 손에서 반지가 사라졌길래 깜짝 놀라서 반지의 행방을 물어봤다.
　"동생이 자꾸 뺏어가서 제 보물 상자에 넣어놨어요. 다른 물건으로 다 가려놔서 절대 못 찾을걸요."
　학년이 끝나는 날, 그림책 작가의 답장을 받은 일은 '올해 우리 반의 잊지 못할 사건 베스트 5위' 안에 들었다. 등장인물과 대화를 나누고, 더 나아가 작가와 소통하는 일은 우리 모두를 설레게 했다. 잊지 못할 순간이었다. 나도 누군가의 마음을 지켜주는 그림책 작가가 되고 싶다고 생각했다.

27명의 아이와 함께할 때도 등장 인물에게 편지를 보낸 적이 있다. 이번에는 출판사에서 직접 연락이 왔다. 그림책에 관심을 가져줘서 고맙고, SNS에 아이들의 편지를 공개하고 싶다고 했다. 감사의 의미로 출판사의 여러 신간도 보내주겠다고 했다. 마음이 뭉클했다. 아이들에게는 주인공이 우리에게 선물을 보냈다고 했다. 주인공은 사람이 아니라 채소였다. 하지만 내 말에 토를 다는 학생은 한 명도 없었다. 평소였으면 선생님이 거짓말한다고 난리였을 텐데, 그날은 예외였다. 출판사에서 보낸 그림책이 도착한 날, 우리 반은 바로 모둠을 만들었다. 모둠끼리 5분마다 한 권씩 돌려 읽으면서 어떤 내용이 있는지 같이 살펴봤다. 40분 동안 다 훑어보니 아이들이 안달이 났다. 쉬는 시간마다 학급문고 앞에 아이들이 득실거렸다. 서로 원하는 책을 보겠다고 싸웠다. 결국에는 학급 회의를 통해 학급 대출 목록을 만들자는 의견이 나왔다. 누가 어떤 책을 언제 가져갔는지 다 적기로 하였다. 쉬는 시간을 2번 이상 넘기지 말자고 약속도 정했다. 모두의 행복을 위해 협동하며 규칙을 만드는 모습이 예뻤다. 그래서 나도 10일에 한 번씩 꼭 새 그림책을 꽂아뒀다. 아이들에게 새 책이 왔다고 홍보하면 학급문고 앞은 문전성시였다. 꼭 선생님이 집중시켜서 수업 시간에 읽어주지 않아도, 아이들은 또 다른 의미로 함께 읽는다는 것이 어떤 것인지 배웠다.

그림책 소모임에서 어른들과 그림책 이야기를 나눌 때도 즐겁다. 나는 그림책 펀딩을 즐긴다. 작가가 그림체나 이야기의 몇 페이지

만 보여주고 완성본은 공개하지 않는다. 일명 '밀어주기'를 통해 일정 목표 금액에 도달하면, 인쇄하고 제본하여 배송해 주는 형식이다. 보석 같은 그림책도 있었고, 결말에 허무함을 느낀 책도 있었다. 어느 날, 다른 사람들은 내가 펀딩한 그림책에 대해 어떻게 생각할지 궁금했다. 그래서 펀딩한 그림책 중에서 몇 개를 골라 소모임을 할 때 가져갔다. 가장 대화를 많이 나눴던 책은 《당신의 기억을 지워드립니다》였다. 주인공 삐에로는 사람들의 나쁜 기억을 지워줬다. 풍선을 불어 그 안에 나쁜 기억을 담고 날려 보냈다. 사람들은 삐에로를 신처럼 생각하며 추앙하기 시작했다. 자만심에 삐에로의 코는 점점 높아졌다. 결국 코에 엉덩이가 찔린 구름은 화를 내며 번개를 내리쳤다. 그러자 풍선들이 몽땅 터졌고, 그 안의 나쁜 기억들은 비와 함께 사람들 사이로 스며들었다. 그리고 삐에로는 사라졌다. 책은 "그날은 악몽이 처음 생기던 날이었어요."라는 구절과 함께 이야기가 끝난다. 스마트폰으로 그림책 일부만 봤을 때는 진한 원색과 단순한 그림체가 마음에 들어 포스터와 엽서 카드도 함께 구매했다. 하지만 완성된 그림책을 처음 읽었을 때는 당황스러웠다. 도망간 삐에로는 반성했는지, 나쁜 기억들은 어떻게 되었는지 다음 내용이 더 있어야 한다고 생각했다. 그렇게 찜찜한 기분으로 책장에 꽂아둔 책이었다.

하지만 나와 달리 회원 한 분은 이 책의 열린 결말이 좋다고 했다. 다른 분은 삐에로한테 초점을 맞추지 말고 그 뒤에 사람들이 어떻게 악몽을 극복하는지가 더 의미 있다고 했다. 그러면서 그림책의 맨 뒤를 펼치더니 에필로그가 마음에 든다며 다시 소리 내어 읽어줬다. '악몽이 생긴 이후, 사람들은 서로의 이야기를 들어주었어요. 그리고 함께 어두운 밤을 헤쳐나갔답니다.'라는 구절이 눈에 확 들어왔다. 분명 나도 읽었는데 그때는 와 닿지 않았다. 새로운 발견이었다. 집에 와서 다시 펼쳐 보았다. 요정 같은 사람들이 손을 잡고 서로를 마주 보는 장면을 한참 보았다. 누군가가 옆에 있을 때 악몽에서 더 빨리 깼던 경험이 생각났다. 문득 사람들이 인류에게 닥친 힘든 일을 함께 이겨내는 모습을 닮았다는 생각이 들었다. 나만의 의미를 찾으니 미소가 지어지고 마음이 따뜻해졌다.

무엇인가를 함께 나누면 애정이 생길 수밖에 없다. 애정이 모이면 나의 기호가 된다. 타인과 그림책을 공유하고 나눠 읽는 일은 어느덧 나의 취향이 되었다. 그림책을 공유하는 대상이 아이들, 가족, 또래, 어르신, 어떤 사람이든 상관없다. 소통만 가능하다면 단 한 권으로도 얼마든지 새로운 시각을 얻을 수 있다. 많은 사람이 그림책으로 서로의 철학을 나눠봤으면 좋겠다. 살아 온 1분 1초가 다르니 다양한 이야기가 오간다. 성별, 나이, 직업을 떠나 타인의 삶을 듣는 일은 의미 있는 일이다. 나를 돌아보고 타인을 이해하는 소중한 경험을 할 수 있을 것이다.

34
사랑이 커지는 10권의 그림책

송진설

아이를 안아주는 것만으로 부족했다. 먹이고, 씻기고, 재우고를 반복하며 생각했다. 내 사랑이 잘 전달되고 있는 걸까. 남매는 알까. 엄마가 얼마나 사랑하는지. 말로는 부족했다. 뭔가 특별한 것이 필요했다. 엄마의 사랑을 찐하게 느끼게 해주고 싶었다.

어린 시절, 나는 혼자라고 생각할 때가 많았다. 가족과 함께 살고 있지만, 늘 외로웠다. 학교를 마치고 집에 들어가면 얘기 나눌 사람이 없었다. 나의 하루에 대해 편안하게 이야기하고 싶었다. 저녁이 되면 드라마에서 들리는 소리가 집 안을 대신 채웠다. 드라마에는 식구들이 시끌벅적하게 얘기 나누는 장면이 자주 등장했다. 무슨 얘기를 저렇게 재미있게 나누는지 나도 모르게 귀 기울여 들었다. 아침에 헤어졌다가 저녁에 만나서 오늘 일을 구구절절 풀어놓으며 맞장구를 쳐 주는 모습을 볼 때마다 가족 간의 사랑이 느껴졌다.

고등학교 때였다. 진희가 엄마와 통화하는 소리를 들었다. 엄마가 아닌 친구와 통화하는 줄 알았다. "끊을게 엄마!"라고 하지 않았다면 몰랐을 거다. 웃으며 장난치는 목소리가 밝고 경쾌하게 들렸다. 진희의 엄마는 어떤 분일까, 가만히 상상해 보았다. 부러웠다.

수다쟁이 엄마가 되고 싶었다. 내 아이에게만큼은 이러쿵저러쿵 사소한 것까지 나누고 싶었다. 난 원래 말수가 적은 편이다. 첫째가 옹알이를 하기 전까지 혼자 얘기하려니 어색했다. 어떤 말을 할까. 어떤 이야기를 해 줄까. 온종일 주저리주저리 혼자서 떠들었다. 그때 그림책 덕을 크게 봤다. 글을 읽어 주고 그림을 보며 상상해서 이야기를 들려주었다. 그냥 얘기할 때보다 그림책을 읽어 주니 할 말이 많았다. 재미있기도 했다. 그림책을 보고 있으면 하고 싶은 말들이 자꾸 떠올랐다. 글 속에, 그림 속에 이야깃거리가 많았다.

둘째가 태어난 후에는 양쪽에 두 아이를 끼고 그림책을 읽어 주었다. 《사랑해 사랑해 사랑해》를 읽어 주며 슬며시 사랑한다고 말했다. 남매도 "엄마, 사랑해!" 하며 웃었다. 그때 읽어 준 그림책은 두 아이가 아끼고 좋아하는 그림책이 되었다. 오늘은 어떤 그림책을 읽어 줄지 고민될 때가 있다. 내 사랑을 전할 수 있는 그림책이면 좋겠다는 생각이 든다. 먼 훗날 그 그림책의 표지만 봐도 슬며시 미소 지으면 좋겠다.

사랑한다는 것은 그 자체 속에 행복을 느끼는 것이라고 파스칼이 말했다. 남매를 사랑하는 마음 하나로 세상이 분홍빛으로 보였다. 내 마음을 아이들에게 전하고 싶었다. 엄마의 마음은 다 같지 않을까. '엄마의 사랑'을 표현하는 그림책을 읽어주며 사랑을 표현하면 좋겠다.

　엄마가 포근하게 안아줄 때, 아이는 사랑을 느낀다. 제즈 앨버로우의 《안아줘》 그림책 표지를 보면 엄마 침팬지가 아기 침팬지를 안고 있다. 펼치기도 전에 마음이 뭉클하다. 신나는 표정으로 숲길을 가고 있던 아기 침팬지가 엄마에게 안겨있는 아기 코끼리를 만난다. "안았네!"라고 말하며 지나가는데, 다른 동물들도 모두 엄마 품에 포옥 안겨있는 걸 보았다. 풀이 죽은 표정으로 다른 동물들의 엄마들에게 안아달라고 외친다. 다른 동물들은 침팬지의 말을 알아듣지 못한다. 아기 침팬지는 울음을 터트리고 만다. 멀리서 침팬지 엄마가 달려온다. 그리곤 아기를 따뜻하게 안아준다. 모든 동물은 알게 된다. 아기 침팬지가 원한 것은 포근하게 안아주는 거였다. 다 함께 "안아줘!"라고 외치며 서로 어깨를 감싸고 안아준다. 이 그림책은 '안아줘'라는 말로 모든 걸 표현한다. 안아주는 것은 엄마의 사랑을 표현하는 데 있어 강력한 힘을 가졌다. 이 그림책을 내 아이에게 읽어 주었다. 아기 침팬지처럼 준한이도 안아달라고 말했다. 시은이도 내 품에 안겼다. 다른 사람들도 《안아줘》를 읽어 주고 아이를 포근하게 안아주길 바란다. 엄마의 사랑으로 가득 채우는 시간이 될 것이다.

　《엄마와 복숭아》는 신화적 상상력으로 배 속의 아이를 만나러 가는 여정을 담은 그림책이다. 표지에 그려진 복숭아를 보며 작가의 아이 태몽이 아닐까 생각했다. 그림책에는 아이를 가진 엄마가 나무에 주렁주렁 달린 복숭아를 바구니에 담는다. 배 속의 아이와 함께 먹으려고 말이다. 길을 가는 도중 아이를 가진 곰과 사자가 나타나 엄마를 잡아먹겠다고 무섭게 말한다. 엄마는 용기를 내어 복숭아를 나눠 주며 함께 먹는다. 그리고는 남은 여정을 함께한다. 이 그림책은 임신과 출산의 두려움을 잘 나타내는 그림책이다. 아이가 배 속에 있을 때의 설렘과 세상에 태어난 날의 감격을 이야기한다. 그림책을 읽어주자 남매는 태몽을 물어보았다. 아이에게 태몽 이야기를 들려주는 귀한 시간이 되었다.

《언제까지나 너를 사랑해》는 로버트 먼치 원작이다. 이세 히데코의 아름다운 수채화와 김하루의 글로 새롭게 해석한 그림책이다. 원작도 많은 사랑을 받은 그림책인데, 이세 히데코만의 따뜻하면서도 서정적인 느낌으로 엄마의 사랑이 아련하게 느껴지며 더욱 사랑받은 그림책이 되었다. 이 그림책은 언제까지나 아이를 사랑한다고 노래하는 자장가다. 끝없는 엄마의 사랑을 노래한다. 준한이와 시은이를 재울 때 토닥토닥해 주며 들려주었다. 육아의 하루는 고되다. 하지만 이 그림책처럼 달콤하기도 하다.

《아가마중》은 박완서의 가족 에세이 그림책이다. 엄마, 아빠, 할머니는 태어날 아기를 위해 줄 수 있는 최고의 사랑을 주며 기다린다. '축복'이 이런 게 아닐까. 아기를 마중하는 세상 모든 이들이 같은 마음일 것이다. 남매에게 읽어주었더니 자신의 존재가 귀하게 여겨진다고 말했다. 아이는 태어나기도 전부터 사랑을 받는다. 그 사랑을 느낄 수 있게 해주는 그림책이다.

《엄마, 언제부터 날 사랑했어?》는 엄마 배 속에 자리 잡은 아기와 엄마의 감정을 잘 그려낸 그림책이다. 임신한 엄마의 일상도 들여다볼 수 있다. 가족들 모두 아이를 기다리며 설레는 마음이라는 걸 잘 표현하고 있다.

《엄마의 약속》은 태담 그림책이다. 아이가 태어나는 날을 손꼽아 기다리며 태교에 좋은 음악도 함께 구성된 그림책이다.

《나의 작은 아가야, 너를 사랑해》는 아이가 탄생한 날을 기억하게 만든다. 처음 내 아이를 품에 안고 가만히 바라보던 그때가 생각난다. 어쩔 줄 몰라 하던 마음도 새록새록 떠오른다. 처음부터 잘하는 엄마는 없다고, 이리저리 부딪히며 나아가면 된다고 말한다.

《지금 안아주세요》에는 사랑이 넘치는 고양이 줄스가 나온다. 줄스는 온 세상의 것들을 다 안아주고 싶어 한다. 넓은 세상 곳곳을 다니며 안아준다. 그리고 가장 가까이 있는 친구에게 돌아와 친구를 안아준다. 작가는 말한다.

"이제 모두 서로를 안아주세요! 그게 바로 우리가 할 일이랍니다. 가장 가까이 있는 친구부터 시작하세요. 지금 안아주세요!"

내 옆에 있는 남매를 꼬옥 안아주었다. 이 책은 내 곁에 있는 아이에게 먼저 사랑을 표현하는 게 중요하다고 말한다.

《엄마, 꼭 안아주세요》는 잠들기 전에 엄마에게 받은 포옹을 가족들에게 나누어주는 이야기이다. 엄마는 포옹이 딱 하나만 남았다고 말한다. 루시는 엄마에게 꼭 돌려준다고 약속한다. 엄마는 루시를 오랫동안 꼬옥 안아준다. 루시는 아빠에게 달려가 안아준다. 엄마에게 빌린 포옹이라 자신에게 다시 돌려달라고 말한다. 아빠는 루시를 꽉 안아준다. 쌍둥이 오빠에게 달려가 끌어안는다. 쌍둥이 오빠의 포옹은 두 배로 크다. 동생 릴리에게도 포옹을 해주고 돌려받는다. 반려견 애니에게도 포옹을 해주고 돌려받는다. 잠자리에 들기 전 엄마에게 포옹을 돌려주고 뽀뽀를 받는다.

내 아이가 잠자리에 들기 전에 읽어주고 꼬옥 안아주면 좋은 그림책이다.

아이를 낳고 키우는 과정은 위대한 일이다. 엄마는 사랑이라는 이름으로 아이에게 가장 좋은 걸 주려고 한다. 그 마음이 그림책을 통해 아이에게 전해진다. 10권의 그림책이 엄마의 사랑을 표현하고 있다. 오늘 아이를 품에 안고 이 그림책들을 한 권씩 읽어 주면 좋겠다. 사랑이 가득한 하루로 행복한 미소를 지을 수 있게 되리라 기대된다.

35
백마디 잔소리보다 한 권의 그림책

차은주

그림책의 장점 중 하나는 간접화법으로 아이들과 대화를 나눌 수 있다는 것이다. 아이들에게 궁금한 것이 있어 물어보면, 곤란한 질문에 "모르겠어요."라고 대답한다. 다시 물어봐도 절대로 알려주지 않는다. 하지만 방법이 있다. 관련 그림책을 찾아 아이와 대화를 시도한다. 그러면 해결되는 경우가 종종 있다. 말이 없는 아이들도 그림책을 보여주면, 자기 생각을 줄줄 꺼낸다. 아이들의 생각이 궁금하거나 잘못된 것을 가르쳐 주고 싶을 때는 그림책이 나에게 효자다.

몇 해 전 학원에서 작은 사건 하나가 있었다. 나는 종종 아이들에게 선물을 받는다. 이번 선물은 잘라서 붙이는 귀여운 스티커였다.

칠판에 자석으로 붙여놨는데 첫 타임이 끝난 후 감쪽같이 사라졌다. 설마 하는 마음으로 주변을 찾아보았지만 없었다. 누군가를 의심하는 게 싫었지만, 그냥 넘어갈 수는 없었다. 나는 한 주 뒤 만난 아이들에게 스티커가 사라졌다고 말했다. 선생님도 1학년 때 친구의 문제집을 내 것이라고 우긴 적이 있었고, 누구나 실수할 수 있다고 말해 주었다. 그러자 한 아이가 슬그머니 손을 들더니 자신이 더 좋은 스티커를 가져오겠다고 말했다. 나는 아이의 눈빛을 보았다. 걱정과 두려움이 눈동자 속에 어려있었다. 아이는 옳지 못한 행동은 누군가에게 피해를 주고 자신의 마음도 불편해진다는 것을 알았을 것이다. 더 좋은 걸 가져오겠다고 말한 것도 큰 용기였다. 나는 아이에게 그렇게 말해줘서 고맙고 스티커는 가져오지 않아도 된다고 했다. 실수가 반복되지 않는 것이 중요했다. 책꽂이에서 보이는 대로 그림책을 몇 권 꺼내 보았다. 이번 달은 아이들과 인성에 관련된 이야기를 나누면 좋겠다고 생각했다. 내가 선택한 그림책은 정직, 인사, 욕심, 차별에 관한 이야기였다.

작가 데미의 《빈 화분》을 만나보자. 나는 얼마 전 집에 있는 빈 화분을 밖으로 모두 내놓았다. 작년 가을까지만 해도 잘 자라던 산세비에리아를 추위가 걱정되어 집안으로 옮겼더니 죽고 말았다. 집안 공기 탓인지, 수분 공급이 제때 안돼서인지 식물을 키우는 일이 지식과 정성이 많이 필요한 일임을 느끼는 계기가 되었다. 책 속 주인공인 핑은 꽃과 나무를 누구보다 잘 가꾸었다. 임금님께서 후계자를 뽑기 위해 아이들에게 씨앗을 나누어 주었다. 하지만 아무리 기다려도 핑의 씨앗에서는 싹이 나지 않았다. 1년 뒤 아이들은 모두 하나같이 화려한 화분을 들고 서 있었다. 핑만이 빈 화분이었다. 핑은 울며 임금님께 솔직하게 말했다.

"이 빈 화분이 제 정성이옵니다."

사실 나눠준 씨앗은 익힌 씨앗이었다. 그러니 싹이 날 리가 없었다. 진실을 말한 핑은 후계자가 되었다. 진실을 말한다는 건 큰 용기가 필요한 일이다. 얼마 전 큰아이가 친구와 길에서 지갑을 주운 일이 있었다. 지갑에는 오만원 지폐가 꽤 두툼하게 들어있었다고 했다. 큰아이와 친구는 바로 112에 신고를 했고 지갑의 주인을 찾아주었다. 아이가 자랑스럽게 이야기하는 모습에 부모로서 마음이 뿌듯했다.

학원에서도 아이들을 통해 기분 좋은 이야기를 자주 듣는다. 아픈 친구의 가방을 들어주었던 일, 친구에게 자리를 양보 한일, 스마트폰을 주워 주인을 찾아주었던 일등 수없이 많았다. 가끔은 실수를 하는 아이들이 있지만 나도 어릴 때 그랬었다. 아이들은 실수하고 반성하고 그렇게 성장한다. 어른의 역할은 모르는 것은 가르쳐 주고 실수를 넉넉한 눈으로 바라봐주고 머리를 쓰다듬어 주는 것이다.

계단에서 쿵쿵 발소리가 들리면 학원으로 아이들이 들어온다.
"안녕하세요?"
인사를 하는 아이들이 조금 더 많다.
"안녕하세요? 한 주 동안 잘 지냈어요?"
내가 인사하면 인사를 안 했던 아이들도 그제야 멋쩍게 인사를 한다. 나는 인사를 하지 않는 아이들에게 꼭 인사를 먼저 한다. 사람과 사람 사이 만남의 기본은 인사라고 생각한다. 인사는 '나는 당신을 존중합니다.'라는 의미를 담고 있다. 인사를 받으면 기분이 좋지만, 인사를 하지 않으면 무시당하는 느낌이 드는 이유도 존중이 사라졌기 때문이다. 김성미 작가의 《인사》라는 그림책이 있다. 늑대 아저씨네 옆집에 여우 가족이 이사를 왔다. 늑대 아저씨와 여우는 서로 누구도 먼저 인사하지 못한다. 처음엔 기분탓을 하며 인사를 못 했고, 시간이 지나서는 어색해서 인사를 못 했다. 결국에는 늑대 아저씨가 다른 곳으로 이사를 가게 되었다. 가나모리 우라코는 "일상적으로 건네는 작은 인사말에도 대단한 영향력이 있다."라고 말했다. 내가 먼저 용기 내어 인사하는 건 어떨까? 좋은 영향력은 다시 내게 돌아오기 마련이다.

'지나친 욕심은 귀신도 싫어한다.'라는 말이 있다. 귀신조차 가득 채우는 것을 미워한다는 뜻이란다. 이설화 작가의 《욕심은, 그만 레이스 장갑》은 욕심에 관한 그림책이다. 장갑 초등학교에서 갯벌 체험을 하러 갔다. 레이스 장갑은 어떻게 하면 진흙을 묻히지 않고 조개를 캘 수 있을까 고민하다 착한 주방 장갑을 꾀어 자신의 양동이에만 조개를 채운다. 그리고 혼자 보물을 찾겠다고 돌아다니다 갯바위에 갇히게 된다. 다행히 친구들의 협동작전으로 위기를 모면하게 되고 자신의 행동을 반성한다는 이야기다. 나도 욕심이 많은 사람 중 한 사람이다. 시댁에 가면 어머님께서 양념이나 반찬 또는 생필품을 챙겨주신다. 집에 있어도 또 받아온다. 한 푼이라도 아끼자는 마음도 있지만, 본능적인 욕심이 발동한 것이다. 어른인 나도 안 되는데 아이들은 오죽할까. 욕심에 관한 그림책을 읽고 아이 스스로 생각하고 느낄 수 있도록 해야 한다. 김유경 작가의 《욕심쟁이 딸기 아저씨》 책도 함께 읽어 보길 권해 본다.

초등학교 때 친구들의 놀림으로 울었던 기억이 있다. 그렇게 비참할 수가 없었다. 그런데 친구들을 미워하기보다는 세상을 원망하고 나를 신뢰하지 못하는 마음이 생겼었다. 그때 한 번의 경험이 나에게는 잊히지 않는 상처가 되었다.《검은 행복》은 가수 윤미래가 직접 쓴 노래 가사로 만든 그림책이다. 실제 자기 경험을 담았다. 아버지가 흑인 군인이었던 윤미래는 까만 피부로 인해 어릴 때부터 놀림을 많이 받았다고 한다.

'하얀 비누를 내 눈물에 녹여내 까만 피부를 난 속으로 원망해 왜 세상은 나를 판단해'

윤미래의 노래가 끝나고 그림책의 마지막 장이 넘어가자 아이들은 조용해졌다. 아이들은 그림을 보고 음악을 들으며 생각한다. 차별은 나쁜 것이라고 말이다.

'나의 성격은 나의 행위의 결과'라고 아리스토텔레스가 말했다. 어떤 이유에서건 행동이 나를 판단하는 기준이 된다. 좋은 행동과 나쁜 행동을 구별할 수 있는 판단력을 길러야 한다. 그림책이 무엇보다 쉽고 재미있게 아이들에게 그 방법을 알려준다. 백 마디 잔소리보다 한 권의 그림책이 아이들에게 훨씬 잘 먹히리라는 것은 분명한 사실이다.

36
한밤의 119

최서원

잠이 오지 않았다. 보통 때라면 아이를 재우며 졸고 있을 시간이었다. 밖에서 남편이 자꾸 왔다갔다하는 소리가 거슬렸다. 무슨 일인지 궁금했지만, 무거운 몸은 침대를 떠나지 않았다. 남편은 속이 좋지 않은지 화장실을 들락거렸다. 혹시나 배탈이 난 것일까. 걱정돼서 밖으로 나와 보았다. 거실에 나오니 남편이 바닥에 엎드려 끙끙 앓고 있었다.

"괜찮아?"

"아니, 안 괜찮아."

남편은 배를 움켜잡았다. 나는 병원에 가자고 말하며 증상을 물었다. 하지만 잘 모르겠다는 대답에 급체를 의심해 보았다. 남편은 오래전 '마'를 잘못 먹고 급체로 병원에 실려 간 적이 있기 때문이다. 그때가 떠올라 나는 서둘러 병원에 가자고 했다. 시계를 보니 밤 11시 30분이었다. 너무나 늦은 시간이었다. 조용히 방으로 들어가 차 키와 가방을 챙겼다. 하지만 남편은 차 타고 가면 늦는다며 119를 불러 달라고 했다.

상황이 심상치 않음을 직감했다. 전화기를 찾아 119에 전화를 했다. 침착하게 집 위치를 알리고 남편의 증상을 설명했다. 그리고 바로 지갑만 챙겨 남편과 1층으로 내려갔다. 남편은 계단의 난간에 의지하며 겨우겨우 한 걸음씩 떼는 정도였다. 엘리베이터가 없는 6층이 이렇게 힘들게 느껴진 적은 처음이었다. 1층에 도착한 남편은 바로 바닥에 엎드려 고통을 호소했다. 엎친 데 덮친 격으로 갑자기 비까지 내리기 시작했다. 나는 우산을 챙겨야 하나 말아야 하나 고민을 했다. 6층까지 올라 갔다 오기엔 금방이라도 구급차가 올 것 같아 결국 우산을 포기했다. 5~10분 정도 지났을 때쯤 119가 도착했다. 남편은 두 명의 구급 대원의 도움을 받아 어렵게 구급차 안으로 들어갈 수 있었다.

구급차 안에서 고통을 호소하는 남편에게 구급 대원은 증상을 꼬치꼬치 물으며 태블릿 PC에 계속 입력했다. 난 속으로 '아파서 말도 하기 힘든 사람에게 질문을 너무 많이 하는 거 아니야?'라는 생각이 들었지만 내색하지는 않았다. 감기 기운에 약을 먹은 것이 화근이 된 것 같다.

하지만 감기약 얘기를 꺼내자 바로 코로나 검사를 해봤냐는 질문이 돌아왔다. 냉방병이라며 그래서 종합 감기약을 먹었다고 했다. 10여 분 걸려 성모병원 응급실 앞에 도착했다. 그 10여 분이 나에게는 30분도 훨씬 더 지난 느낌이 들었다. 응급실에 도착했어도 바로 들어갈 수는 없었다. 한참을 담당 의사들이 왔다갔다하며 똑같은 질문을 했다. 화가 났다. 코로나19로 복잡한 절차를 거쳐야 한다는 걸 알고는 있지만, 아픈 환자가 너무나 방치되는 느낌이 들었다. 항의하고 싶은 마음을 참고 참았다. 그리고 기다리고 기다렸다. 한참 후 어렵게 남편은 응급실로 들어갔고, 보호자는 밖에서 기다려야 했다. 그것도 감기 기운이 있는 환자의 보호자라는 이유로 실내가 아닌 실외의 대기실에서 기다려야 했다. 실외의 대기실은 주차장 한쪽을 임시로 막고, 의자 몇 개 있는 정도가 다였다. 당황스러웠지만 자리에 앉아 기다렸다.

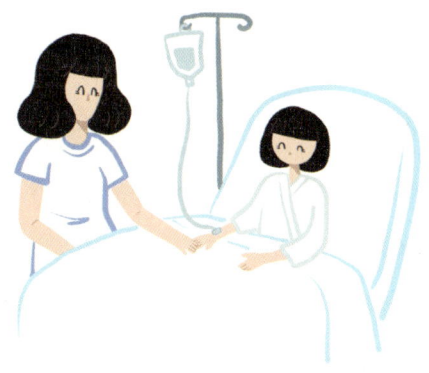

실외의 대기실엔 아무도 없었다. 응급실 안에서 상황이 어떻게 돌아가고 있는지 전혀 알 길이 없었다. 새벽 두 시가 넘어가자 비는 점점 거칠게 쏟아붓기 시작했다. 바람과 함께 거친 빗방울이 대기실로 날려 들어왔다. 반 팔에 슬리퍼를 끌고 온 나는 추워 몸이 움츠러들었다. 의자를 들고 좀 더 깊숙한 곳으로 들어갔다. 비는 피할 수 있었으나 추위는 어쩔 수 없었다. 남편을 기다리며 많은 생각이 머리를 가득 채웠다. '큰 병이면 어쩌지?', '잘못된 건 아니겠지?', '만약 잘못되기라도 한다면 난 어떻게 살지?' 내 머릿속엔 온갖 부정적인 생각들로 가득했다.

2시 30분쯤 남편은 슬리퍼를 질질 끌며 밖으로 나왔다. 고생했다고 안아 주고 싶었지만 아무 말도 하지 않았다. 마음을 말로 표현하지 못한다는 것이 오늘처럼 안타까운 날은 없었다.
"미안해, 고생 많았지?"
오히려 남편은 걱정 끼쳐 미안하다고 말한다. 우리는 지하에 있는 약국으로 자리를 이동했다. 남편의 얼굴은 다행히 한결 편안해 보였다. 진통제 덕분에 지금은 통증이 없다고 했다. 원인은 '위경련'이었다. 남편은 웃으며 위경련으로 죽은 사람은 아직 없다고 나를 달래듯 말을 했다. 위경련은 특별한 원인이 없다고도 했다. 하지만 나는 회사 일로 힘들어하고 있던 남편을 알았기에 스트레스가 원인인 것 같았다. 스트레스는 만병의 근원임이 분명하다.

화술은 자기표현의 기술이며 연출이라는 말이 있다. 하지만 나는 무뚝뚝하고 표현이 없는 사람이다. 감정의 표현이 서툴러 가끔 '화 났어?'라고 오해를 살 때도 있다. 갑자기 남편이 아프니 그동안 무뚝뚝하기만 한 아내였다는 게 너무나 미안했다. '평소 표현을 좀 하면서 살걸.' 하며 후회했다.

오남리 유코의 글과 그림으로 되어 있는 《행복한 질문》이라는 작은 그림책이 있다. 부부의 엉뚱한 질문들과 재치 있는 답변들이 구성되어 있다. 부부의 대화가 너무나 사랑스럽고, 서로를 아끼고 사랑하는 게 보였다. 우리는 대부분 연애 때와는 다르게 결혼을 하게 되면 서로에게 소홀하고 표현도 잘 하지 않는다. 하지만 이 책을 보니 마음을 표현하는 것이 얼마나 중요한지 알게 되었다.

이 책을 나와 같이 무뚝뚝하고 표현에 서툰 사람들에게 추천하고 싶다. 마음을 표현할 줄 안다는 것도 하나의 대단한 능력이라고 생각한다.

우리는 택시를 기다렸다. 집에 도착하니 시간은 새벽 3시가 넘어가고 있었다. 조용히 방으로 들어가 잠꼬대하는 딸아이 옆에 조심스럽게 누워 토닥여 주었다. 한밤중에 이게 무슨 소동인지. 다시 한 번 오늘의 일이 주마등처럼 스쳐 지나갔다. 파란만장한 하루였다.

어릴 적 오순도순 화목한 집안이 부러웠다. 우리 집은 대화라는 걸 하는 집이 아니었다. 잔소리와 호통만이 있을 뿐이었다. 당연히 애정표현은 찾아볼 수도 없는 집이었고, 그래서 애정표현에 인색한 지금의 성격이 만들어진 건 아주 자연스러운 일이라 생각한다. 하지만 딸아이가 나처럼 무뚝뚝한 사람으로 성장하는 건 원하지 않는다. 표현을 잘하고 사랑이 넘치는 아이가 되기를 바란다. 표현이 서툰 사람에게는 애정표현은 너무나 어려운 숙제다. 하지만 열심히 숙제를 하다 보면 습관처럼 자연스러워지는 날이 올 것이라고 믿는다. 그리고 남편에게는 하지 못하는 애정표현을 딸에게만은 하려고 노력 중이다.

나는 오늘도 칭얼거리는 딸아이에게 뽀뽀하며 안아 주었다. 오늘의 숙제를 한 것이다. 매일매일 열심히 숙제를 할 것이다. 그리고 '참 잘했어요.' 도장을 마음속에 '꽝' 찍어준다.

제6장

내 인생의 그림책

37

삶의 모든 색

김수민

 엄마는 나에게 색이 가득한 것만 사 줬다. 초등학생 때, 내가 무난한 검은색 안경테를 집어 들면 엄마는 주황색 뿔테를 내 얼굴에 씌웠다. 나를 쳐다보며 함박웃음을 지은 엄마는 신나게 지갑을 열었다. 나는 거울 속 내 모습을 곁눈질했다. 못생긴 아이가 보였다.

 추운 겨울이 오기 전, 두툼한 옷을 장만하러 가게에 갔다. 엄마와 떨어져 구석에서 검은색 청바지를 만지작거렸다. 하지만 엄마는 새빨간 솜바지를 내 손에 쥐여줬다. 그 바지는 가족끼리 등산을 하다가 가랑이가 찢어져서 솜이 터졌다. 그래서 1년 만에 버렸다. 아깝지 않았다. 입을 때마다 다리가 통통해 보였기에 이 새빨간 바지에 별로 미련이 없었다. 오히려 잘됐다고 생각했다.

 대학생 때 집에 오니, 내 방 침대 위에 핫핑크 카디건이 놓여 있었다. 색깔에 한 번, 무릎까지 오는 길이에 두 번 경악했다. 엄마는 싱글벙글 웃으며 얼른 입어보라고 들이밀었다. 일단 가방에 넣어 기숙사까지는 들고 갔다. 그리고 학생 식당에 부랴부랴 밥 먹으러 내려갈 때 걸쳐 입었다. 친구들이 식당에 오면 내가 제일 눈에 잘 띈다고 웃었다.

내 옷뿐만이 아니었다. 엄마는 자신의 물건을 고를 때도 마찬가지였다. 샛노란 티셔츠, 쨍한 초록 치마, 빨간 패딩, 분홍 모자, 금색 스카프. 엄마의 옷장을 열어보면 눈이 어지러웠다. 엄마는 색을 좋아했다. 옷 가게에서 검은색이나 회색 옷을 보여주면 늘 손사래를 쳤다. 집 안에 바르는 벽지도 예외는 아니었다. 모든 벽을 다르게 하고, 화려한 색과 무늬를 가진 포인트 벽지를 발랐다. 새파란 바다나 초록빛 산도 무척이나 좋아했다. 엄마는 자연의 색을 가장 사랑했다. 그래서 하얀 꽃이 피는 이팝나무가 가득한 땅을 샀다. 그리고 아빠와 함께 그곳에서 수많은 꽃을 가꾸며 행복해했다. 마음이 아파도, 몸이 아파도 엄마는 이팝뜰을 찾아가서 꽃을 보살폈다. 난 그곳을 갈 때마다 엄마가 행복한지 물었다. 그럼 엄마는 말린 꽃을 정리하며 하루하루가 행복이라고 대답했다. 엄마는 늘 시장에서 산 빨간 모자, 노란 장화, 보랏빛 스카프 등을 두르고, 자신이 가꾼 꽃밭 앞에서 사진을 찍었다. 어제와 오늘이 다르다며 지고 있는 꽃에 카메라를 갖다 대었다. 자연 앞에 선 자신의 모습도 자주 남겼다.

예전에는 색을 좋아하는 엄마를 촌스럽게 생각했다. 나는 채도가 낮고 어두운 색깔의 옷이 사람을 우아하게 만든다고 생각했다. 멀리서 보면 엄마 옷만 보인다고 타박했다. 하지만 엄마는 아줌마라고 꼭 칙칙한 옷만 사야 하는 것은 아니라고 늘 주장했다. 같이 시장에 갔을 때 엄마가 푸른색 꽃무늬가 가득한 우산을 만지작거리는 것을 봤다. 색깔이 너무 튄다고 생각했지만, 엄마의 반짝거리는 눈망울 때문에 아무 말도 하지 않았다. 엄마는 비가 오는 날, 그 우산을 들고 이팝뜰 위쪽으로 갔다. 노란 장화를 신고 빨간 치마도 입었다. 사진 찍기 좋은 장소를 물색했다. 우산을 들었지만, 카메라 삼각대도 척척 잘 설치했다. 그리고 떨어지는 물방울만 골라 밟듯이, 여린 초록 보리밭을 사뿐히 걸어 다녔다. 엄마는 그 순간을 놓치지 않고 블루투스 리모컨으로 촬영 버튼을 눌렀다. 그때만큼은 잠시 나에 대한 걱정을 멈췄다. 혹여 서울에 사는 아들의 일이 고될까 봐 애달파하지 않았다. 아빠와 싸워 뒤집힌 속도 가라앉았다. 엄마는 집안의 날씨를 맑게 해야 하는 '맑음 소녀'의 사명에서 벗어나 시원하게 빗속을 맘껏 거닐었다. 색을 두른 엄마가 참 예뻐 보였다.

엄마의 색이 이해될 때쯤, 《삶의 모든 색》이라는 그림책이 눈에 들어왔다. 이 그림책은 아이의 삶부터 노인의 삶에 이르기까지 경험할 수 있는 많은 감정을 다양한 색깔로 표현했다. 인생이 담겨 있어 책이 매우 두껍다. 그림책 안의 등장인물 모습이 평범하지 않다. 매우 극적으로 묘사되어 그들의 감정이 잘 드러난다. 모든 쪽을 액

자에 걸고 싶을 만큼 허투루 그린 장이 없다. 이 책으로 미루어 보면 우리 엄마는 '어른의 삶'을 지나 이제 '기나긴 삶'으로 들어선 것 같다. 이곳저곳 이유 없이 아픈 본인의 모습이 낯설어 자주 시무룩했다. 여태껏 모아 둔 연금저축이 얼마인지 계산했다. 딸의 결혼식에서 한 시간 내내 울었다. 이제 곧 손주들이 생기면 모든 계절이 기다려질 것이다. 낮이든, 밤이든 엄마가 하고 싶은 일을 할 수 있다. 엄마가 좋아했던 여행지도 여러 번 갈 수 있을 만큼 여유로운 시간도 생겼다. 옛날보다 더 낙천적인 사람이 되었다. 엄마는 자유로운 할머니가 되고 있다.

하지만 그림책 마지막 장에서 치매로 기억을 잃은 할머니를 볼 때마다 마음이 덜컥 내려앉는다. 외할머니도 치매로 고생하셨기 때문에 혹시 엄마도 그럴까 걱정된다. 언젠가 엄마도 갖고 있던 모든 색을 잊어버릴 수 있다는 생각에 슬퍼진다. 노란 민들레가 하얘지듯이 자신의 색깔을 잊어가겠지. 그림책 장면처럼 엄마의 기억이 홀씨가 되어 날아갈까 봐 무섭다. 엄마도 치매로 허공만 응시하는 외할머니를 볼 때마다 저 속이 얼마나 힘들지 안타까워하며 눈물을 훔쳤다. 그래서 나는 이 책을 덮을 때마다 항상 기도했다. 만약 엄마에게 치매가 온다면, 눈 덮인 하얀 숲을 맨발로 걷는 기분, 딱 이 정도로만 느끼게 해달라고. 엄마가 아주 고통스럽지 않았으면 좋겠다. 그리고 나는 빨간 신발을 들고 색이 없는 엄마의 숲을 잘 찾아가리라 혼자 다짐한다. 그때는 촌스럽다는 말 대신 빨간 신발이 잘 어울린다고 많이 말해 줄 것이다. 엄마의 사진을 잘 찍어주는 모습도 상상한다. 하지만 이런 굳은 결심이 무색하게, 늘 아픈 곳이 바뀌는 엄마를 볼 때마다 한없이 서럽다. 그래서 아프다고 말하는 엄마를 슬며시 외면하고, 아무것도 아니라며 덤덤한 척을 많이 했다. 엄마가 서운해하는 것을 알고 있다. 하지만 엄마가 약해지고 있다는 것을 인정하기엔 아직 준비가 되지 않았다. 엄마가 늘 화려했으면 좋겠다.

엄마가 앞으로 자신의 삶을 어떤 색으로 물들일지 궁금하다. 어쩌면 엄마의 색이 나의 것이 될 수도 있다는 생각이 든다. 엄마는 가끔 놀이터에서 노느라 저녁밥을 먹으러 갈 생각이 없는 아이 같다. 꽃에 물을 주고 분갈이로 꽃의 숨통을 틔워주느라 바쁘다. 엄마는 아빠와 보폭을 맞추며 걷다가도 혼자 있는 시간을 좋아한다. 동생과 내가 작별 인사를 하고 집을 떠났을 때는 많이 슬퍼했다. 사는 게 그렇게 조용할 수가 없다고 했다. 신기하게도 나는 이런 부분이 엄마와 아주 비슷하다. 나도 엄마처럼 어떤 일에 마음을 빼앗기면 정신없이 몰두한다. 남편과 같이 잘 놀지만, 혼자만의 시간도 즐긴다. 방정맞게 웃다가도 사람이 떠나가면 많이 슬퍼한다. 쉬운 일의 해답을 모르겠고, 가끔 이상하게 굴 때도 있다. 엄마의 도화지를 가만히 들여다보면 내가 어떤 마음가짐으로 살고 싶은지 희미하게 윤곽이 보인다.

살면서 많은 경험을 통해 나만의 색을 차곡차곡 쌓고 싶다. 하지만 가끔 엄마의 색으로 물들 때도 있을 것이다. 그래서 엄마의 색깔도 받아들일 마음의 공간을 마련해야겠다. 더 나아가 삶의 모든 색이라면 어떤 색으로 칠해도 괜찮게끔 찬찬하게 비워야겠다. 나이가 좀 더 들면 화려한 주황이나 빨강도 순순히 마음의 도화지에 색칠할 수 있을지 모른다. 그때를 위해 내 마음 한쪽을 아무 색이 없는 무(無)의 공간으로 남기고 싶다. 엄마의 남은 색을 오래 보고프다. 다른 사람들에게 휘둘리지 말고 그녀의 무지개 색깔을 잘 지켜줬으면 좋겠다.

엄마의 모든 색을 응원한다. 늘 자신이 사랑받고 있다고 느꼈으면 좋겠다. 그러면 나도 당신의 발자취를 따라갈 수 있겠지. 모든 순간마다 나를 사랑할 수 있다는 자신감이 채워지겠지. 온 세상이 나를 떠받쳐 주고, 이해해 주고 있다는 느낌이 들 만큼 나는 스스로를 사랑할 것이다. 내 삶의 모든 색을 아낀다.

38

운명

송진설

    그림책을 보다가 왈칵 눈물이 쏟아진 적이 여러 번 있었다. 그중 인생 그림책이라 할 만큼 운명적인 그림책을 만났다. 아네테 멜레세의 《키오스크》이다.
    올가는 키오스크에서 산다. 한 사람으로 꽉 채워지는 좁은 공간에서 하루 종일 신문이나 잡지, 복권을 판다. 답답해서 벗어나고 싶을 때면 석양이 아름다운 바다를 꿈꾸며 여행 잡지를 읽는다. 키오스크는 올가의 세상 전부다. 어느 날 신문 뭉치가 평소보다 멀리 놓여 있었다. 팔을 뻗어 안으로 들이려고 할 때 남자아이 둘이 과자를 훔치려 한다. 올가는 버둥대며 남자아이를 잡으려다 그만 키오스크가 뒤집혔다. 그때 처음 알게 되었다. 키오스크를 들어 올려 움직일 수 있다는 걸. 내친김에 키오스크를 두르고 산책도 한다. 그때 빙글 빙글 도는 강아지의 목줄에 발이 걸려 그만 강물에 빠지게 된다. 흘러 흘러 도착한 곳은 꿈에 그리던 석양이 아름다운 바닷가였다. 올가는 여전히 키오스크 안에 있다. 달라진 것은 꿈에 그리던 바다를 바라보며 아이스크림을 판매하고 있다는 것이다. 일이 끝난 후에 아이스크림을 먹으며 석양을 바라보는 모습은 무엇도 부러울 것 없는 행복한 표정이다. 키오스크가 뒤집힌 엄청난 사건이 오히려 꿈을 이루게 해 주었다.

  올가가 여행 잡지를 보듯, 나는 힘들 때마다 그림책을 펼쳤다. 지친 내 마음을 위로할 수 있었다. 그림책 속에서 내 삶을 발견하는 순간은 의미가 크다. 지난 일을 돌아보게 되고 용기를 얻는다. 처음부터 의미를 두고 그림책을 보지는 않았다. 무조건 아이와 재미있는 시간을 보내려고 읽어주었다. 그러다 그림책의 가치를 알게 되었다. 그림책에서 내 삶의 소중한 이야기를 찾을 수 있었다. 내 이야기를 담고 있는 문장을 만나면 어려웠던 문제의 해답을 찾은 듯했다.

  쉬운 인생은 없다. 수도 없이 예상치 못한 길을 만난다. 그럴 때마다 새로운 길을 걸어야 한다. 막다른 길이 나오기도 하고 발아래 낭떠러지인 길도 만나게 된다. 막막하고 두렵기도 하다. 인생 참 어렵단 말이 절로 나온다. 우리는 살면서 수많은 시련을 겪는다. 몸과 마음이 고통스러워 발버둥치기도 한다. 그럴 때는 상상력이 필요하다. 우연히 닥친 위기가 인연이라 생각하자. 우리에게 보내오는 가능성의 시간이라 생각하면 용기가 생긴다. 희망이 곁에서 팔랑거리고 있는 듯 느껴진다. 희망과 용기가 만날 때 기적은 일어난다.

　외롭지 않은 삶은 없다. 누구나 고독한 순간이 있다. 행복해지기 위해서는 자신이 무엇을 원하는지 알아야 한다. 꿈꾸던 삶은 멀리 있지 않다고 믿는다. 우리 스스로 소중한 존재라는 걸 잊어서는 안 된다. 나의 꿈을 돌보지 않으면서 행복해지길 바라는 것은 목표가 없으면서 무작정 달려가는 것이다.

　살다 보면 두 가지 실수를 저지른다고 한다. 하나는 아예 시작도 하지 않는 것. 또 다른 하나는 끝까지 하지 않는 것이다.

　키오스크가 뒤집힌 일은 올가가 꿈을 이룰 수 있는 계기가 되었다. 상상만 하던 인생이 자신에게 왔다. 올가는 바라던 세상을 만났고 행복을 만끽하게 되었다. 이제 키오스크를 움직여 마음이 가는 곳으로 어디든 갈 수 있다. 떠나기 전에는 몰랐을 기쁨이다. 진정으로 새로운 삶을 살아갈 수 있도록 해 준 것이 역경이다.

뒤집힌 세상에서 꿈을 이룬 올가의 미소가 잊히지 않는다. 시련을 축복으로 바꾸는 것은 우리하기에 달렸다. 지쳐 쓰러지는 한이 있어도 포기하지 않고 일어서길 바란다. 더욱 빛날 우리의 모습이 기다리고 있기 때문이다.

내 손은 거칠었다. 피가 나고 갈라졌다. 수없이 피부가 벗겨졌다. 퉁퉁 부어 손가락이 구부러지지 않을 때도 있었다. 그럴 땐 글씨 쓰는 것도 힘들었다. 가만히 있어도 쓰리고 아팠다. 물이 닿기라도 하면 소스라치게 놀랄 만큼 따가웠다. 일상생활을 하면서도 고통스러운 순간은 셀 수도 없었다. 불편한 일도 많았다. 피부가 벗겨져 지문인식이 되지 않았다. 동사무소에서 서류를 뗄 때 본인 확인을 위한 많은 질문을 받았고 대답해야 했다. 병원도 다녔다. 처방받은 약을 먹고 연고를 발랐다. 집안일을 할 때는 면장갑을 꼈다. 밤이면 손에 연고를 바르고 장갑을 끼고 잤다. 하지만 좀처럼 좋아지지 않았다. 손이 내 마음 같았다. 마음이 편안하지 않을수록 손은 더욱 심해졌다. 겉으로 보이지 않는 마음을 대신해 손이 아파하는 것 같았다. 마음을 달래기 위해 그림책을 읽었다. 그림책이 없었으면 무엇으로 내 마음을 위로할 수 있었을까.

그림책에서 느꼈던 위안을 나누고 싶어졌다. 지나온 삶을 글로 쓰며 《오늘도 마침표 하나》 공저 에세이 책을 냈다. 독자들은 책이 큰 위로가 되었다는 말을 해줬다. 그런 말을 들을 때마다 글쓰기가 나를 위로하고 격려하는 것을 뛰어넘어, 나의 내면을 더욱 강해지도록 만들었다는 생각이 들었다.

　사람들 앞에 부끄럽고 창피해서 내보이기 싫었던 손도 적극적으로 돌보기 위해 방법을 찾았다. 이번에 선택한 것은 병원이 아닌 네일숍이었다. 손을 관리해 준다는 곳을 찾았다. 내 손을 처음 본 숍 매니저는 깜짝 놀라며 이렇게 심한 손은 처음 본다고 말했다. 다른 사람들과 같은 방법으로는 관리가 안될 듯하다고 말했다. 그리고는 딱딱하고 거친 피부를 갈기 시작했다. 한참 만에 부드러운 피부가 되었다. 그 뒤로 신기하게 손이 많이 나아졌다. 병원에 다니며 치료해도 나아지지 않았던 손이 좋아졌다. 그동안 굳은 피부 때문에 약도, 핸드크림도 흡수가 되지 않았던 거였다. 지금은 바르는 대로 흡수가 잘된다. 손이 촉촉해졌다.
　힘들었던 마음이 그림책을 만나게 해주었고, 그림책이 글쓰기를 만나게 해주었다. 단단해진 내면은 나의 신체를 돌볼 정신적 여유도 함께 주었다.

　비 오는 날이었다. 노트북 가방을 들고 급하게 뛰어가다 미끄러졌다. 심하게 엉덩방아를 찧었다. 넘어지면서 가방에 손가락이 깔렸다. 일주일이 지났지만 계속 욱신거리며 아팠다. 병원에 갔더니 뼈 일부분이 깨져 있었다. 철심을 박아 고정하는 수술을 했다. 한 달 동안 붕대를 하며 일상생활은 물론이고, 일할 때도 큰 지장이 있었다. 그림책 독후 활동으로 실크스크린 체험 수업을 진행할 때였

다. 실크스크린은 손을 많이 써야 할 뿐 아니라 물로 씻어내는 작업이 반드시 필요하다. 다친 손으로는 힘들었다. 수업을 휴강하게 되었다. 수업이 중지되자 무엇을 해야 할지 막막했다. 노트북을 켜고 글을 썼다. 네 번째 손가락 하나 아플 뿐인데 키보드를 두들기는 것도 힘들었다. 하지만 다른 일보다 수월했다. 예전보다 글 쓰는 시간이 늘었다. 그렇게 개인 저서 초고가 완성되었다.

'어쩌면 좋지?' 하며 걱정하게 만들었던 사건이 그림책을 깊이 읽도록 만들었고, 나아가 글을 쓰게 만들었다. 힘들었던 순간을 견디며 어느새 그림책 에세이 작가가 되었다. 마음을 들여다보고 글로 표현하는 순간이 나를 강하게 만들어 주었다. 지금도 그림책을 읽으며 마음을 위로한다. 하지만 달라진 것이 있다. 눈물 펑펑 쏟으며 슬픔에만 빠져 있지 않는다. 키오스크의 올가가 석양을 바라보며 흐뭇한 표정을 지을 때처럼 밝은 기운으로 가득 차 있다.

  살아가며 자신의 세상이 뒤집힌 일은 누구에게나 올 수 있다. 그럴 때는 내면의 소리에 귀 기울이려 한다. 스스로를 더 이해하고 사랑하는 마음이 있다면 바라던 삶과 만나는 순간이 반드시 올 것이라 믿는다.

39
삶의 모든 순간은 소중하다

차은주

지금까지 살아오면서 가장 떠오르는 순간이 언제인지 생각해보면, 늘 그때가 떠오른다.

타키무라 유우코의 《조금만》이란 그림책이 있다. 이 책은 단비에게 동생이 생기면서 엄마의 시선에서 벗어나 조금씩 성장해가는 과정을 담았다. 단비는 시장에 갈 때 엄마의 손을 잡고 싶지만, 엄마는 아기를 안고 있어서 잡을 수가 없다. 그래서 엄마의 치맛자락을 조금만 잡고 걸었다. 집에 돌아와 우유를 먹고 싶지만, 엄마는 아기에게 우유를 먹이는 중이라 단비는 처음으로 무거운 우유를 낑낑 꺼내서 겨우 조금 따를 수 있었다. 혼자 놀이터에서 놀다 온 단비는 졸린 눈을 비비며 엄마에게 조금만 안아달라고 말한다. 엄마는 말했다.

"조금만이 아니라 많이 안아주고 싶은데, 그래도 될까?"

엄마의 이 한마디는 단비 마음의 서운함을 깨끗하게 지워버렸다. 엄마의 품은 아이에게 사랑의 증거이고 주름졌던 마음이 펴지는 가장 편안한 곳이다. 나는 단비 엄마처럼 품 한번 내어주는 것이 왜 그렇게 힘들었을까? 그때의 기억은 더욱 선명해져 내 마음은 여전히 시리고 아프다.

《조금만》을 읽고 떠오른 얼굴이 있다. 우리 큰아이다.

둘째가 태어났을 때 큰아이는 다섯 살이었다. 나는 갓난아이를 돌보는 것이 버거워 큰아이가 무엇이든 혼자서 해주길 바랐다. 큰아이는 밥을 차려만 주면 혼자서 잘 먹었고, 양치질도 곧잘 했다.

내 품에는 항상 둘째가 안겨있었고 나이에 비해 키도 크고 몸도 컸던 큰아이는 엄마의 손길 대신 고사리 같은 손으로 단비처럼 해내고 있었다. 유치원 차량에서 내리면 아파트 현관 비밀번호도 외워 집까지 엘리베이터를 타고 잘 찾아왔다. 한번은 둘째 친구 엄마를 마중하기 위해 잠깐 집을 나섰던 적이 있었다. 그러던 사이, 낮잠 자던 큰아이가 깼다. 큰아이는 울면서 집 앞 현관까지 나갔고, 이웃집 아주머니가 데려가 잠시 돌봐줬다. 그 일을 떠올리면 지금도 자다가도 미안함에 벌떡 일어난다. 그때 난 깨달았어야 했다. 엄마가 널 많이 사랑한다는 표현도 자주 해주었어야 했다. 하지만 난 그렇게 못했고 뒤늦게 벽시계의 초심을 거꾸로 돌리고 싶다는 미련한 생각만 해본다.

　다시는 되돌릴 수 없는 소중한 순간들에 대해 생각을 일깨워 준 책이 《세 가지 질문》이다. 나의 인생 그림책이라고 할 수 있다. 레오 톨스토이의 《세 가지 질문》이라는 단편소설이 원작이며, 아이들이 쉽게 이해할 수 있도록 존 무스가 쓰고 그렸고, 김연수 작가가 번역했다. 톨스토이는 이 소설을 일흔이 넘은 나이에 썼다고 한다. 자신의 소설이 인간의 삶에 어떤 이바지를 했는지 회의에 빠졌고, 인간을 위한 이야기를 쓰고 싶었다고 한다. 베트남 스님 틱낫한은 이건 단순한 이야기가 아니라 경전이라고 극찬하기도 했다. 주인공 니콜라이는 강가에서 연을 날리며 세 가지 질문을 던진다. 아이의 질문답지 않은 이 질문들은 나에게 큰 울림을 주었다. 내가 이 질문을 이해하고 답을 받아들인 건 책을 몇 번 읽고 나서였다.

　"가장 중요한 때는 언제인가?"
　"가장 중요한 사람은 누구일까?"
　"가장 중요한 일은 무엇일까?"

　니콜라이는 답을 얻기 위해 늙은 거북이 레오 할아버지를 찾아간다. 레오 할아버지는 밭을 갈고 있었고, 니콜라이의 질문을 듣더니 그저 빙긋이 웃었다. 니콜라이는 레오 할아버지의 밭일을 도왔다. 그때 갑자기 세찬 바람과 소나기가 뿌렸다. 니콜라이는 레오 할아버지의 집으로 뛰어가다가 어디선가 살려달라는 외침을 듣는다. 니콜라이는 다친 어미 판다와 새끼 판다를 구해주고 정성껏 돌보아 준다. 다음 날, 니콜라이는 한 번 더 레오 할아버지에게 묻는다.

레오 할아버지는 말했다. 폭풍우 속에서 가장 중요한 때는 어미 판다와 새끼 판다를 구하는 순간이었으며, 가장 중요한 사람은 어미 판다와 새끼 판다였고, 가장 중요한 일은 판다들을 치료하고 안전하게 보살펴 주는 일이었다고 말이다.

    니콜라이는 언제나 자신을 필요로 하는 모든 일을 망설임 없이 했다. 니콜라이의 행동은 귀찮고 힘든 일은 등을 돌리며 살았던 나에게 또렷이 가르쳐주었다. 내가 살아온 방법이 잘못되었다고 말이다. 나에게 가장 중요한 때는 아이들에게 엄마의 손길이 필요한 때였고, 가장 소중한 순간은 아이들과 함께하는 순간이었고, 아이들이 가장 중요한 사람이었다. 이 중요한 시기에 나는 내 힘듦과 자기 연민에 빠져 아이들을 지켜보는 방관자일 뿐이었다. 그 미안함에 큰아이를 볼 때마다 자책하며 살았다. 하지만 사람은 누구나 지나온 날에 대한 아쉬움, 미안함이 가슴 끝자락에 남아 있기 마련이다. 그런 아쉬움과 미안함은 좋은 행동으로 이어져 새로운 전체를 만들어 줄 수 있다고 생각한다. 비단 아이들뿐 아니라 나와 함께하는 사람들에게 그 순간 최선을 다한다면 후회의 고통스러운 기억으로 시간을 허비하는 일은 줄어들 것이다.

    얼마 전 큰아이가 코로나에 확진됐었다. 첫날은 괜찮더니 둘째 날에는 40도의 고열이 났다. 혼자 방에 격리되어 있었고 아무것도 먹지 못했다. 물과 약만 겨우 삼켰다. 죽마저 못 먹고 내놓았다. 과거 큰아이에게 엄마답지 못했던 기억이 떠오르며 내내 마음을 괴롭혔다. 코로나고 뭐고 감염돼도 좋으니 아이의 이마를 짚어주고 옆에 있어 주고 싶었다. 새벽 2시, 아이가 걱정돼서 잠이 안 왔다. 방문을 살짝 열어보았다. 쥐 죽은 듯 조용히 자는 모습을 유심히 보았다. 나는 몇 번을 더 방문을 열어 확인했다. 며칠 뒤 격리가 끝나자 큰아이가 나에게 물었다.

"엄마, 왜 내 방문 자꾸 열어봤어? 문 열면 안 되잖아."

자신을 걱정해주는 엄마의 마음을 알아챈 듯 큰아이가 살며시 미소를 지었다. 큰 아이는 나에게 잘 웃어주지 않는다. 엄마에 대한 서운함이 마음을 가득 채우고 있어서 일 것이다. 나는 더 노력하고 애쓴다. 너는 나의 가장 소중한 보물이란 말도 해주고 아이의 이야기에 귀 기울인다. 어느새 다 커버린 아이지만 수염이 덥수룩한 아저씨가 되어도 나에게는 가장 중요한 사람일 것이다.

책의 마지막 구절을 다시 읽어 본다.

"기억하렴. 가장 중요한 때란 바로 지금, 이 순간이란다. 가장 중요한 사람은 지금 너와 함께 있는 사람이고, 가장 중요한 일은 지금 네 곁에 있는 사람을 위해 좋은 일을 하는 거야. 니콜라이야, 바로 이 세 가지가 이 세상에서 가장 중요한 것들이란다."

"그게 우리가 이 세상에 있는 이유야."

꼭 기억해야 한다. 중요한 때, 중요한 사람, 중요한 일이 무엇인지 말이다.

 이미 흘러간 것은 어쩔 수 없지만 깨달음을 얻은 이 시점이 나에게는 새로운 시작의 날이 되는 것이다. 우리에게는 수많은 내일이 있고 그 내일에 좀 더 나은 내가, 엄마가 되어있을 것이다.

 아침에 눈을 뜨면 새로운 오늘에 대한 기대로 하루가 설렌다. 기준 없이 흔들리던 나는 이제 어떻게 살아야 하느냐는 질문에 고민하지 않는다. 당당하게 나의 무대에서 멋지게 내 삶을 살아가고 있기 때문이다. 내 삶은 그림책 덕분이고, 오늘도 그림책을 읽으며 삶을 경외하고 또 배운다.

40

어느 멋진 날

최서원

여유로운 토요일 아침이었다. 하늘은 맑고 구름 한 점 없는 멋진 날이다. 딱 도서관 가기 좋은 날이기도 하다. 도서관에서 빌려온 책을 반납하고, 새로운 책을 대여해 오는 것이 오늘의 목적이었다. 엄마 껌딱지인 딸아이가 따라나섰다. 도서관에 따라간 건 이번이 처음은 아니다. 하지만 함께 갈 때마다 소란스러웠던 기억에 웬만하면 혼자 가고 싶었다.

"도서관 안에서는 말하면 안돼. 알겠지? 조용히 있어야 해."
"알겠어!"

나의 걱정은 현실이 되었다. 딸아이가 큰 소리로 말한다.
"엄마, 책 다 골랐어?"

"쉿!"

나는 조용히 하라는 액션을 한다. 천천히 살펴보며 책을 고르려고 했던 계획은 물거품처럼 사라졌다. 마음이 다급해져 컴퓨터에 앉아 제목을 입력했다. 'T813.8-조 66' 번호를 받아 적었다. 알파벳을 찾기 시작했지만 찾을 수가 없었다. 딸아이는 나를 졸졸 따라다니며 빨리 가자고 성화를 부린다. 이번엔 배 아프다며 빨리 나가기를 재촉한다. 나의 눈동자는 빠르게 움직였다.

"찾았다!"

마치 보물찾기에서 보물을 찾은 듯이 기뻤다. 우리는 서둘러 밖으로 나와 화장실로 향했다. 하지만 딸아이는 화장실에 가지 않았다. 빨리 나가기 위한 핑계였다. 한숨이 나왔다.

딸아이에겐 도서관이 재미있는 곳이 아닌가 보다. 아직 글을 몰라 그런지, 아니면 조용해야 하는 분위기가 싫은 건지. 도서관과 친하게 지내게 해주고 싶은 엄마의 마음과는 거리가 먼 상황이다. 여유로울 때마다 딸아이와 함께 도서관에서 각자 원하는 책을 보며 시간을 보내는 모습을 상상해 보았다. 그리고 그런 날이 빨리 오기를 소망해 본다.

나는 시골 출신이다. 그것도 아주 작고 조용한 농촌 출신이다. 그 영향인지 산이나 나무, 바다 등 자연을 좋아한다. 그래서 그림책도 자연 풍경을 그린 책들을 좋아하고 선호한다. 특히 풀과 나무의 푸릇푸릇하고 싱그러움을 표현한 그림을 보면 감탄사가 저절로 나온다. 자연에서 뿜어져 나오는 에너지에 충전을 받는다. 최근에 그런 예쁜 책을 만났다. 플뢰르 우리 작가가 쓰고, 그린 《일요일, 어느 멋진 날》이라는 그림책이다.

  부드러운 색연필 그림으로 시골집과 숲, 나무, 물 그리고 식물들이 너무나 아름답게 그려져 있다. 내용을 보기 전에 그림에 빠지지 않을 수가 없었다. 너무나 따뜻한 그림이다. 그림 그 자체로 나의 마음을 정화시켜 주었다. 이미 나의 마음은 자동차를 타고 시골에 있는 할머니 집으로 가고 있었다. 하지만 애석하게도 나에겐 그런 할머니 집이 없다. 그래서 아마도 마당이 있는 시골 주택을 더 갈망하고 있는 것 같다. 시골에 살고 있긴 하지만 아파트에 사는 지금, 나는 언제나 마음 한구석이 공허하다.

  책 속에서 클레망틴과 부모님은 할머니 댁에서 하루를 보내게 된다. 클레망틴은 언제나 몸에 나뭇가지들을 잔뜩 붙이고 있는 할머니를 좋아하지 않았다. 너무나 따분해 할머니의 정원을 둘러보던 중 작은 구멍을 발견하게 되었다. 부모님께 혼이 날 것이라는 생각이 들었지만, 클레망틴은 참을 수 없는 호기심에 그 구멍으로 들어가게 된다. 그 구멍은 멋진 숲으로 연결되어 있었고, 그곳에서 한 아이를 만나게 된다. 클레망틴과 그 아이는 함께 수영도 하고 나무에도 올라가며 즐겁게 놀았다. 부모님이 부르는 소리에 클레망틴은 다음에 만나자는 말을 남기고 돌아온다. 할머니 집으로 돌아온 클레망틴의 옷에는 나뭇가지들이 잔뜩 묻어 있었다. 집으로 돌아가게 된 클레망틴은 할머니를 꽉 안아주며 다음에 또 오겠다는 진심의 말을 한다.

　클레망틴은 할머니와의 접점을 찾게 되자 할머니를 이해하게 된다. 가족으로서 한 발 더 가까워지는 시점이다. 가족이라고 모두 가깝게 지내며 사랑하는 것은 아니다. 서로를 미워하는 사람들도 있고, 원수처럼 지내는 사람들도 있다. 어쩌면 남보다 못한 가족도 있을 것이다. 어린 시절 우리집도 그랬다. 여섯 식구가 함께 살고는 있었지만, 서로 무슨 생각을 하는지, 무엇을 좋아하는지 그다지 관심이 없었다.

세월이 흘러 내가 그 시절 부모님의 나이가 되어보니 조금은 이해가 가기도 한다. 하루하루 사는 것이 바빴던 것이었다. 자식을 건사하기 위해 삶에 떠밀려 살다 보니 정작 중요한 것을 놓치고 만 것이다. 하지만 나는 그런 실수를 범하고 싶지는 않았다. 함께 부대끼며, 함께 기뻐하고, 함께 행복하게 살고자 한다.

그림책을 보며 지치고 힘든 마음을 충전하기도 하고, 가보지 못한 세계로 여행을 떠나기도 한다. 때론 다른 사람이 되어 볼 수도 있다. 물론 현실에서는 있을 수 없는 일들이다. 하지만 책을 통해서는 충분히 가능한 일이기도 하다. 나에게는 《일요일, 어느 멋진 날》이 그랬다. 사람들은 저마다 힐링 포인트가 있을 것이다. 모두 같을 수는 없는 일이다. 각자의 취향에 맞는 인생 그림책을 찾기를 권한다. 그리고 힘들 때마다 꺼내어 볼 수 있게 가까운 곳에 두면 좋을 것 같다. 수시로 읽으며 지친 마음을 충전하기를 바라본다.

"진정한 책을 만났을 때는 틀림이 없다. 그것은 사랑에 빠지는 것과도 같다."라고 크리스토퍼 몰리는 말했다. 그림책 한 권으로 그러기 충분하다. 그게 바로 그림책의 위력이다.

그리고 읽는 그 순간이 바로 가장 멋진 날이 될 것이다.

모두 '어느 멋진 날'이 많아지길 소망해 본다.

마치는 글

김수민

적은 경험으로 많은 생각을 하며, 섬세한 성격입니다. 아직 온전히 나를 드러내는 것이 두렵습니다. 그래서 솔직한 감정이 담긴 이 책을 독자가 어떻게 받아들일지 걱정이 됩니다. 그래도 나를 포장하기 위해 예쁜 문장만 찾아다니진 않았습니다. 그저 그림책으로 한 명이라도 더 위로받길 바라며 지난날을 되새김질해서 정성스럽게 글을 썼습니다. 이 책에 나오는 내 생각이나 감정의 결론은 절대 정답이 아닙니다. 하지만 '지금의 나'를 위한 최선이었습니다. 독자들도 나만의 정답 같은 그림책을 꼭 찾길 바랍니다.

송진설

꼬인 실타래처럼 풀리지 않는 문제 앞에 무기력해지는 나를 만났습니다. 절실한 마음으로 성급하게 풀려 하니 더욱 꼬여버리곤 했어요. 그림책에는 일상 속에서 겪는 수많은 일들이 들어 있습니다. 주인공은 홀로 헤쳐 나가기도 하고, 누군가와 함께 소통하며 해결해 나가기도 합니다. 어떤 순간도 포기하고 도망치지 않았어요. 그림책과 마주하며 삶이란 여행이 소중하게 느껴졌습니다. 홀로 도망치고 싶은 순간을 만나는 당신에게 그림책을 권하고 싶어요. 그림책으로의 여행을 통해 소중한 당신과 만나길 소망합니다.

차은주

그림책은 나에게 별이었습니다. 삶의 고비마다 별을 바라보듯 그림책을 보며 내 마음을 위로했습니다. 그림책은 한 권 한 권 모두 소중하게 빛났고, 세상에 의미 없는 사람은 없으며 모두가 빛날 수 있다고 말해 주었습니다. 글을 쓰며 나의 삶을 되돌아보게 되었고, 앞으로의 가치 있는 삶에 대해 생각해 보았습니다. 저는 지금처럼 아이들에게 그림책으로 사랑과 희망을 전하며 살 것입니다. 더 넓은 세상을 상상하고 꿈꾸며 당당하게 자신의 길을 갈 수 있도록 돕는 것이 나의 소명임을 가슴 깊이 새겨봅니다.

최서원

어떤 일이든 시작이 중요합니다. 이번 글쓰기를 통해 많이 보고, 많이 배우는 기회였습니다. 함께한 공저 팀과의 단합도 너무나 좋았고, 서로 발전해 나가는 모습도 볼 수 있어 더욱 좋았습니다. 과거의 상처를 꺼내어 보며 치유의 시간을 가져도 보고, 미래를 향해 한 발 내디디며 성장의 기회로 삼았습니다. 꿈을 가지고 그 꿈을 이루려 노력을 함으로써 인생을 보다 적극적으로 살게 되었습니다. 나는 오늘도 그 꿈을 이루려 힘껏 달려봅니다. 우리는 모두 할 수 있습니다. 무엇이든 마음만 먹는다면요.

참고문헌

김수민 작가가 고른 그림책

안녕달, 「쓰레기통 요정」, 책읽는곰(2019), 56p
장현정, 「맴」, 반달그림책(2015), 40p
변정원, 「한그릇」, 보림(2019), 44p
안녕달, 「안녕」, 창비(2018), 264p
이진희, 「도토리 시간」, 글로연(2019), 48p
머스캣, 허유영 옮김, 「고양이의 하루」, 학고재(2019), 96p
신현아, 「우주식당에서 만나」, 책공장더불어(2018), 120p
마치다 나오코, 고향옥 옮김, 「고양이는 집 보는 중?」, 현암주니어(2021), 38p
보람, 「파닥파닥 해바라기」, 길벗어린이(2020), 40p
유설화, 「슈퍼 거북」, 책읽는곰(2014), 44p
사라 스트리츠베리 글, 사라 룬드베리 그림, 이유진 옮김, 「여름의 잠수」, 위고(2020), 42p
오세나, 「검정토끼」, 달그림(2020), 48p
베아트리체 알레마냐, 김윤진 옮김, 「사라지는 것들」, 비룡소(2021), 40p
윤여림 글, 이명하 그림, 「상자 세상」, 천개의바람(2020), 60p
이수지, 「여름이 온다」, 비룡소(2021), 148p
뱅자맹 라콩브, 김영미 옮김, 「나비 부인」, 보림(2017), 76p
안녕달, 「눈, 물」, 창비(2022), 288p
아네테 멜레세, 김서정 옮김, 「키오스크」, 미래아이(2021), 32p
하이케 팔러 글, 발레리오 비달리 그림, 김서정 옮김, 「100세 인생 그림책」, 사계절(2019), 212p
지키(곽지우) 글, 귤옹(김예원) 그림, 「당신의 기억을 지워드립니다」, 디자인점빵 인쇄처(2022), 32p
리사 아이사토, 김지은 옮김, 「삶의 모든 색」, 길벗어린이(2021), 200p

송진설 작가가 고른 그림책

앤서니 브라운, 장미란 옮김,「터널」,논장(2018), 28p

존 버닝햄, 이진수 옮김「깃털 없는 기러기 보르카」, 비룡소(1996), 50p

숀 탠, 김경연 옮김,「빨간 나무」, 풀빛(2019), 40p

스테파니 클락스 글, 그웬 밀워드 그림, 고영이 옮김,「오늘은 나도 슈퍼 영웅!」, 사파리(2022), 32p

앤서니 브라운, 홍연미 옮김,「기분을 말해봐」, 웅진주니어(2011), 32p

앤서니 브라운, 김경미 옮김,「겁쟁이 빌리」, 비룡소(2006), 28p

맥 바넷 글, 카슨 엘리스 그림, 김지은 옮김,「사랑 사랑 사랑」, 웅진주니어(2021), 44p

백희나,「꿈에서 맛본 똥파리」, 책읽는곰(2014), 32p

하야시 아키코, 이영준 옮김,「달님 안녕」, 한림출판사(2010), 48p

코리나 루켄, 김세실 옮김, 「내 안에 나무」, 나는별(2021), 56p

베아트리체 알리마냐, 이세진 옮김,「숲에서 보낸 마법 같은 하루」, 미디어창비(2017), 48p

신시아 라일런트 글, 브렌던 웬젤 그림, 이순영 옮김, 「삶」, 북극곰(2019), 48p

장석주 글, 유리 그림,「대추 한 알」, 이야기꽃(2015), 32p

옐라 마리,「나무」, 시공주니어(2017), 20p

휘리,「허락 없는 외출」, 오후의 소묘(2020), 32p

윌리엄 스노우 글, 앨리스 멜빈 그림, 이순영 옮김, 복극곰(2022),「숲의 시간」, 40p

박혜미,「빛이 사라지기 전에」, 오후의 소묘(2021), 32p

폴 플레이쉬만 글, 케빈 호크스 그림, 백영미 옮김, 「웨슬리나라」, 비룡소(2003), 30p

야시마 타로, 윤구병 옮김,「까마귀 소년」, 비룡소(1996), 50p

코린 로브라 비탈리 글, 마리옹 뒤발 그림, 이하나 옮김,「앙통의 완벽한 수박밭」, 그림책공작소(2021), 40p

허은미 글, 오정택 그림, 「착한 엄마가 되어라, 얍!」, 웅진주니어(2014), 48p

나넷, 문주선 옮김,「혼날까 봐 그랬어」, 후즈갓마이테일(2022), 44p

버나뎃 로제티 슈스탁 글, 캐롤라인 제인 처치 그림, 신형건 옮김, 「사랑해 사랑해 사랑해」, 보물창고(2019), 24p

제즈 앨버로우,「안아 줘!」, 웅진닷컴(2009), 30p
유혜울 글, 이고은 그림,「엄마와 복숭아」, 후즈갓마이테일(2020), 48p
김하루 글, 이세 히데코 그림, 로버트 먼치 원작,「언제까지나 너를 사랑해」, 북뱅크 (2017), 32p
강명옥,「아가마중」, 보림(2017), 216p
안니 아고피앙 글, 클레르 프라네크 그림, 염미희 옮김,「엄마 언제부터 날 사랑했어」, 문학동네(2009), 38p
리사 험프리 글, 데이비드 데니오스 그림, 이태영 옮김,「엄마의 약속」, 키다리(2010), 40p
에가시라 미치코, 사이바라 리에코 글, 에가시라 미치코 그림,「나의 작은 아가야, 너를 사랑해」, 거북이북스(2019), 32p
패트릭 맥도넬, 이루리 옮김,「지금 안아 주세요」, 북극곰(2022), 48p
닉 블랜드 글, 프레야 블랙우드 그림, 천미나 옮김,「엄마, 꼭 안아주세요」, 책과
아네테 멜레세, 김서정 옮김,「키오스크」, 미래아이(2021), 32p

차은주 작가가 고른 그림책

조수경,「내 꼬리」, 한솔수북(2008), 44p
안너마리 반 해링언, 옮김,「긴 머리 공주」, 마루벌(2001), 30p
양재홍,「재주 많은 여섯 쌍둥이」, 교원(2002)
이수아,「요술 항아리」, 비룡소(2008), 36p
최숙희,「너는 기적이야」, 책읽는곰(2010), 36p
임사라 글, 박현주 역「동갑내기 울 엄마」, 나무생각(2009), 40p
마이클 그레니엣,「무지개 꽃이 피었어요」, 국민서관(2002), 34p
허은미 글, 윤미숙 그림,「웃음은 힘이 세다」, 한울림어린이(2015), 40p
장클로드 무를르바 글, 장 뤼크 베나제 그림, 신선영 옮김,「이름 보따리」, 문학동네 (2000), 19p
제시카 수하미, 홍연미 옮김,「소시지 소시지」, 웅진 주니어(2006), 28p
다비데 칼리 글, 마르코 소마 그림, 최병진 옮김,「행복을 파는 상인」, 주니어김영사

(2019), 32p
이영호, 「봄」, 문학동네
줄리 파슈 키스, 이순영 옮김, 「꾸다 드디어 알을 낳다」, 북극곰(2015), 40p
신민재, 「안녕 외톨이」, 책읽는곰(2016), 40p
오나리 유코 글, 하타 코우시로우 그림, 황진희 옮김, 「비 오니까 참 좋다」, 나는별
 (2019), 40p
윤동재 글, 김재홍 그림, 「영이의 비닐우산」, 창비(2005), 35p
이철환 글, 유기훈 그림, 「송이의 노란 우산」, 대교출판(2007), 40p
임정자 글, 김영수 그림, 「내 동생 싸게 팔아요」, 미래엔아이세움(2006), 32p
크리스텔 발라 글, 스테파니 오귀소 그림, 정미애 옮김, 「요술쟁이 젤리 할머니」, 다림
 (2012), 36p
정성훈, 「토끼가 커졌어」, 한솔수북(2019), 40p
조재원, 「정말 다행이야 정말 큰 일이야」, 교원(2011), 40p
조성자 글, 사석원 그림, 「풍풍이와 툴툴이」, 시공주니어(2005), 50p
전민걸, 「바삭바삭 갈매기」, 한림(2014), 40p
김향수 글, 김효정 그림, 「괴물이 되고 싶어」, 스푼북(2014), 37p
손동우, 「사탕공장에 가지 마」, 책과콩나무(2012), 40p
브러쉬씨어터 원작, 강 산 글그림, 「드래곤 하이」, 올리(2021), 48p
김현태 글, 박재현 그림, 「검은색만 칠하는 아이」, 맹앤맹(2009), 32p
마거릿 와일드 글, 론 브룩스 그림, 최순희 옮김, 「할머니가 남긴 선물」, 시공주니어
 (1997), 31p
변지현 글, 이가혜 그림, 「아프리카 스키선수」, 키즈엠(2018), 36p
김성미, 「인사」, 책읽는곰(2020), 44p
유설화, 「욕심은, 그만 레이스 장갑」, 책읽는곰(2022), 40p
김유경, 「욕심쟁이 딸기 아저씨」, 노란돼지(2017), 52p
데미, 서애경 옮김, 「빈 화분」, 사계절(2006), 32p
윤미래 글, 루시 그림, 「검은 행복」, 다림(2020), 40p
타키무라 유우코 글, 스즈키 나가코 그림, 허앵두 옮김, 「조금만」, 한림출판사(2005),
 32p
레오톨스토이 원작, 존 무스 글그림, 김연수 옮김, 「세 가지 질문」, 달리(2003), 36p

최서원 작가가 고른 그림책

시타케 신스케 글, 유문조 옮김, 「벗지 말걸 그랬어」, 위즈덤하우스(2016), 32p
시타케 신스케 글, 유문조 옮김, 「주무르고 늘리고」, 위즈덤하우스(2018), 32p
엘렌 델포르주 글, 캉탱 그레방 그림, 권지현 옮김, 「엄마」, 밝은미래(2019), 64p
앤서니 브라운, 허은미 옮김, 「우리 엄마」, 웅진주니어(2005), 20p
밤코, 「모모모모모」, 향출판사(2019), 40p
릴리아 「파랑 오리」, 킨더랜드(2018), 48p
박종진 글, 설찌 그림, 「고양이 찻집」, 소원나무(2021), 40p
고티에 다비드, 마리 꼬드리, 「세상 끝에 있는 너에게」, 모래알(키다리)(2018), 56p
조원희 「콰앙!」시공주니어(2018), 48p
하이타니 겐지로 글, 초 신타 그림, 햇살과나무꾼 옮김,「로쿠베, 조금만 기다려」양철북(2006), 28p
오나리 유코, 김미대 옮김,「행복한 질문」북극곰(2014), 56p
플뢰르 우리, 김하연 옮김,「일요일, 어느 멋진 날」, 키위북스(2021), 40p

작은 이야기로 삶의 지혜를 얻다

초판인쇄	2022년 11월 8일
초판발행	2022년 11월 15일
지은이	김수민 송진설 차은주 최서원
발행인	조현수
펴낸곳	도서출판 프로방스
기획	조용재
마케팅	최관호 최문섭
편집	강상희
디자인	호기심고양이
일러스트	초이선비, 풋윤
주소	경기도 고양시 일산동구 백석2동 1301-2 넥스빌오피스텔 704호
전화	031-925-5366~7
팩스	031-925-5368
이메일	provence70@naver.com
등록번호	제2016-000126호
등록	2016년 06월 23일

정가 17,000원
ISBN 979-11-6480-271-5 03810

파본은 구입처나 본사에서 교환해드립니다.